引 言

居斯塔夫·库尔贝（Gustave Courbet）于 1819 年 6 月 10 日出生于法国东部弗朗什－孔代（Franche-Comté）地区奥尔南（Ornans）的一个富裕农家。父亲是一位在奥尔南及弗拉热（Flagey）两地拥有不少土地、经营农业与畜牧业的农场主，为人大方慷慨。母亲出身于一个从事法律工作的世家，性格通情达理。库尔贝的家境比较富裕，他有 3 个妹妹，后来她们都曾给他的作品当过模特，尤其是他最小的妹妹朱丽叶特·库尔贝（Juliette Courbet），在库尔贝的艺术生涯和逝后的几年中，起到了重要的作用。他的外祖父伍多（Oudot）是位共和主义者，曾参加过 1789 年法国大革命，这也许对库尔贝的政治观产生了一定的影响。

库尔贝 20 岁的时候，按照父亲的意愿于 1840 年 11 月来到巴黎学习法律专业。但在大学入学考试中，库尔贝名落孙山，从此走上了自己一直向往的画家道路，他经常前往卢浮宫美术馆，在那里临摹、研究委拉斯盖兹（Velasquez）、伦勃朗（Rembrandt）等大师的作品，晚间自己去学习素描。1841 年，库尔贝参加了一些画室的活动，并将自己画的两幅朋友的肖像画送到了官方的美术沙龙参展，但作品均未入选。由于他违背了父亲的意愿，家人减少了对他经济上的支援。尽管生活困窘，库尔贝仍满腔热情和自信地继续着自己的绘画活动。

1844 年，他在两年前创作的《带黑狗的自画像》第一次入选沙龙。

这位初出茅庐的画家，从此更加专注于从事他的艺术创作，而且很重视沙龙带来的宣传效应，屡屡送画参选。

1855年的沙龙与巴黎万国博览会在一起举办，在美术作品展中，包括有外国画家以及安格尔（Ingres）、德拉克洛瓦（Delacroix）等当代大师作品的特别展览，人们对于美术给予了格外的关注。在这种有利于艺术创作的大环境下，库尔贝精心地排选了13件作品，交给了审查委员会。结果《奥尔南的葬礼》和《画家的画室——我七年艺术生活的真实寓言》两幅很受库尔贝重视的作品遭到拒绝。《画家的画室》这幅359×598厘米的巨幅油画，是画家艺术生涯的写照，它反映了这位画家对社会与人生的认识，本是画家倾注了心血的现实主义大作。受到官方美术界排斥的库尔贝，决心向审查委员会发起挑战。他在离万国博览会不远的一个简陋的工棚里兴建了自己的"现实主义馆"，举办题为"现实主义：库尔贝的四十件作品"的个人展览，展出了40幅油画和4件素描，其中包括了被沙龙评委拒绝的作品。他还在展览目录上发表了阐明自己艺术见解的一段文字，也就是人们后来所称的库尔贝的"现实主义宣言"。他写道："用我所见到的去表现我生活的那个时代的风俗、思想和人们的面貌""创造生活的艺术，这是我的目的"。

虽然这次展览的观众并不多，社会反应冷淡，但从此之后，作为一个密切关注当时社会的艺术家，库尔贝在当时的艺术界不断引发轰动，招来误解。而"现实主义"这个词正是在库尔贝的宣言那里才开始用于艺术的。他极力强调绘画对当代生活的反映，善于发现生活中平凡的美，极大地扩充了绘画的题材，并且着力于题材的民主化处理，把真实地描写生活视为现实主义艺术的核心。因此，库尔贝的现实主义艺术及主张对当时法国和西欧其他国家的绘画艺术产生了积极的影响，在法国乃至西方十九世纪的美术史中占有极其重要的地位。

1861年，库尔贝在沙龙中展出的《雄鹿的斗争》（又名《春的发情期》）和《极度疲惫的雄鹿》这两幅画获得了广大好评。同年在安特卫普举办的世博会上，库尔贝参加了8月19至21日的艺术研讨会，还作了有关现实主义艺术理论的讲演，发言中他捍卫了一种摒弃理想化从而倾向于民主的现实主义艺术。此后，库尔贝的讲演在当地的报纸上刊登出来，从而盛名远播，很多比利时本土的画家受到了库尔贝画作的深刻影响，自认为是库尔贝的弟子，例如路易·杜布瓦（Louis Dubois）、康斯坦丁·莫尼埃（Constantin Meunier）等人。回到法国后，许多青年画家蜂拥而来向他学习绘画，于是库尔贝开辟了工作室来满足大家的需求。

1869年，库尔贝在诺曼底的艾特塔（Etretat）画了很多幅海洋风景的图画，使得海洋画成为其辉煌的风俗画之后的又一大成就。在这时他得知自己获得了布鲁塞尔国际展览会金奖，又在慕尼黑获得了由巴伐利亚的路易二世授予的圣米盖尔一等骑士勋章。为了致谢，他于秋天赶赴慕尼黑，受到当地画界人士的欢迎。

1870年，库尔贝拒绝了帝国政府授予的荣誉勋位勋章。随后法德战争爆发，库尔贝没有选择逃离战乱中的法国，而是留下来并支持新生的国防政府，还发表了著名的《致德国艺术家的一封信》。直到巴黎公社运动兴起，库尔贝都积极地投身其中。

从美术史的角度来看，库尔贝自19世纪40年代步入画坛起，初期作品虽然并不都是重大社会题材，但他直接面对现实生活，表现自己亲眼见到的事物，已经表明他的现实主义倾向。1849年以后，他的艺术开始成熟，这是他的一贯忠实于描绘普通人生活、并从中吸取营养的结果。在19世纪50年代的作品中，他经常以下层劳动人民作为作品中表现的主体,以此进行对官方理想化艺术的批判。

从19世纪50年代开始近20年的法国帝政时期,库尔贝采取了与拿破仑三世对立的立场。不过,从19世纪60年代中期起,画家那些明确地体现民主原理的作品,有被风景画和肖像画,乃至神话题材、裸体画替代的趋势,这是由于他经常要为一些富有的人作画,而不得不与传统的要求妥协有关。不过,他忠实于描绘对象、反映事物真实面目以及他的民主思想是始终如一的。作为现实主义艺术大师,在突破学院派的保守思想和官方倡导的形式主义方面,他做出了重要的贡献。但库尔贝始终是一个备受争议的画家,在他生活的那个时代,公众和评论界就对他毁誉参半,然而不管怎样,他都是19世纪下半叶最为重要的西方画家之一。这位19世纪中期法国绘画的现实主义带头人的巨大成就,对于印象派,以及此后的现代绘画所给予的不可估量的影响,应该得到充分肯定。

美术史界对库尔贝生平资料的整理始于他的朋友卡斯塔那利(Castagnary)(1830-1888),他是第一个站出来捍卫库尔贝的作品和有关库尔贝的回忆的人,只可惜他很早就去世了,留下了未完成的手抄笔记合集,以及一本库尔贝画作的图录草稿,还有大量杂乱的资料,包括一些剪报、信件原件和复制件。不管是卡斯塔那利还是后来的里亚或莱热都曾与库尔贝的妹妹朱丽叶特合作,如果没有后者,也许现在很多材料都已经消失或是不为人知。

除了这两位,19世纪末、20世纪初就开始研究库尔贝的另一位重要的艺术史家是乔治·里亚(Georges Riat)(1869-1905)。里亚和库尔贝一样,也是弗朗什-孔代地区(Franche-Comté)人,深谙这片土地的神秘魅力。里亚在研究中使用了卡斯塔那利留下的笔记,以及库尔贝家族的一些文件，尤其是后来属于朱丽叶特所有的库尔贝写给父母姐妹的一系列信件。1906 年巴黎的弗鲁里出版社出版了里亚的著作，题为《居斯塔夫·库尔贝：画家》，该著作成为库尔贝研究方面取之不尽的一个资料源泉，很多后来的著述都从中汲取信息，这本书对画家及其作品有着很完整的了解。而且里亚对政治与库尔贝艺术的关系也进行了研究。

艺术史家夏尔·莱热（Charles Léger）接过了火炬，试图让人们更加清晰地了解这位画家。莱热与朱丽叶特认识后获得了后者的许可，得以查询后者所拥有的档案资料。莱热后来与罗贝尔·费尔尼埃（Robert Fernier）（1895-1977）以及 1938 年成立的库尔贝友协一起，致力于推广库尔贝作为弗朗什-孔代地方画家的形象，尊之为"奥尔南的大师"。到了二十世纪七十年代，库尔贝研究进入一个新时期。这一时期的一个重大贡献来自于艺术史家罗贝尔·费尔尼埃，他倾尽后半生心血编纂的《库尔贝的一生与作品：库尔贝总图录》上下两卷于 1977 年在洛桑和巴黎出版。作为奥尔南的库尔贝博物馆的创建者以及库尔贝友协的负责人，费尔尼埃主持友协出版的学报多年，他的研究工作对向大众普及有关库尔贝的认识起到了很大作用。

此外，英国学者 T. J. 克拉克（T. J. Clark）在 1973 年出版了《人民的形象：居斯塔夫·库尔贝和 1848 年的革命》一书，他从社会艺术史的角度来进行研究的做法很具创新意味。继克拉克之后，很多赞同从社会和政治角度来进行艺术史研究的当代学者，如琳达·诺克林（Linda Nochlin）、克劳斯·赫丁（Klaus Herding）、杰克·林赛（Jack Lindsay）和詹姆斯·鲁宾（James Rubin），他们纷纷从不同角度来研究库尔贝的政治态度及其在作品中的反映。而与这种方法相对立的则是迈克·弗莱德(Michel Fried)采用的形式主义的研究方法,在他的研究中,画家的政治面貌处于次要的地位。更近期的研究则开拓了一条新的道路,这主要得益于佩特拉·T-D·楚(Petra Ten-Doesschate Chu)和约格·祖特(Jörg Zutter),他们通过1998年在洛桑组织《作为艺术家和作品自我推广者的库尔贝》展,探讨了库尔贝是如何来宣传自己的作品的,展现了画家引起争议和轰动的桀骜不驯的形象,但这样的研究把经济因素放在了政治因素之上。佩特拉·楚在2007年出版了著作《法国最傲慢的人——居斯塔夫·库尔贝和19世纪的媒体文化》,而他的另一个重大贡献就是在1992年整理出版了库尔贝书信集,为人们提供了解画家一生以及19世纪的文化、艺术和政治生活的大量宝贵的第一手资料。

除了学术界对库尔贝的关注,法国和其他国家也曾举办了大量库尔贝作品展,近年来最有代表性的有1973年在巴黎举办的《库尔贝自画像》展,1977-1978年在巴黎和伦敦举办的《居斯塔夫·库尔贝(1819-1877)》巡回回顾展,1982年在瑞士的拉图尔德佩兹(La Tour de Peilz)举办的《库尔贝和瑞士》展,1988年在纽约举办的《重新审视库尔贝》展,2000年在巴黎举办的《库尔贝和巴黎公社》展,以及2007-2008年在巴黎、纽约、蒙彼利埃(Montpellier)三地举办的《居斯塔夫·库尔贝》巡回回顾展。

然而,以上所有这些研究或展览都有各自的局限性,只是从某一个角度来切入库尔贝研究,这是因为这位画家如同一个挖掘不尽的宝藏,或者说他有诸多面目,有些对我们来说仍旧是谜团。笔者注意到,在历次大型展览中,库尔贝在1871年至1877年之间的作品只占据了展览很小的一部分,可以说并没有引起学术界的足够重视。例如在最近的2007-2008年库尔贝巡回回顾展中,总共只选取了15幅作品来表现这一时期画家的创作,而且在图录中的介绍也极为简约。另外在一些介绍库尔贝的专著中,库尔贝艺术生涯中的最后这七年一直被放在很次要的位置。例如里亚就在他的著作中提出了一个观点,即库尔贝艺术生涯的"开端、鼎盛和衰落"分别对应于"1848 年、第二帝国时期和巴黎公社运动",而安德雷·费尔米吉埃(André Fermigier)在 1971 年出版于日内瓦的著作《库尔贝》中也用两个年代来总结库尔贝的画家生涯,他说:"库尔贝,生于 1848 年,死于 1871 年。"因此,人们往往认为巴黎公社时期标志着库尔贝的创作开始走下坡路,他进入了一个艺术上的衰落期或静止期。可是人们如果仔细考察库尔贝在 1871 年及之后的画作,就会发现其中不乏震撼人心的佳作,而且其绘画技巧和艺术观念仍然时有创新。库尔贝在画坛和艺术市场上始终相当活跃,作为画家的库尔贝并没有死去,他的艺术仍然鲜活,只是他的活动逐渐转移了重心,不再以法国为主要舞台,而是走向国外。而且时代的风起云涌中,一批新生代画家占据了人们的视线,使晚年时期远在瑞士的库尔贝显得声色黯淡。单纯地以艺术的衰落来评价他这个时期的创作似乎过于简化了这个问题。

要对这个时期的库尔贝进行定位的话,笔者首先要研究的就是他生活与绘画的背景与环境,不仅是从艺术史的角度出发,还要结合大历史的时代背景。同时还要考量库尔贝当时所采取的政治态度,以及他在当时的艺术贸易和艺术赞助中占据的地位。因此,本文将按照时间顺序展开。鉴于巴黎公社运动是影响到库尔贝晚年生活与创作的重大政治事件,也是他人生的一个关键转折点,在此期间他曾一度达到声望和荣耀的顶峰,却又重重地跌落下来。库尔贝后来的生活与政治再也没有脱离过关系,艺术家与政治活动者的形象并行不悖。因此,在第一章中,笔者将首先简要概括库尔贝在巴黎公社之前的艺术创作与当时的政治之间的关系，他在重大历史事件中表现出来的政治态度，以探讨是否可以将他解读为一个法国传统意义上的政治介入型画家。第二章将着重关注库尔贝在巴黎公社运动中的参与情况，以及这次经历对他的人生产生的影响。第三章将介绍库尔贝流亡瑞士的经历，在此期间他的生活、创作。第四章主要感兴趣的是社会生活中的库尔贝，不仅仅从艺术家的角度来剖析，更多的是把他看作一个血肉丰满的、多元化的人，其中涉及到评论界、大众传播界对他的一些评价，以及库尔贝晚年时期的交友、人际往来，他与法国乃至世界绘画界之间的联系，突出他与社会、与他人之间的关系。文中还将结合库尔贝在生平最后七年里的重要作品进行分析，以期尽可能全面地描绘出画家这段时期内的生活与艺术，以及他在艺术界所占据的地位。最后本文还将陈述库尔贝去世之后引起的一些社会与艺术界反响。

从巴黎公社结束到库尔贝去世前后这段时间，历来学术界的研究著述就很稀有，笔者希望借这篇论文的撰写机会，搜集到一些这一时期的相关资料，来了解画家晚年时期的创作、精神、生活状态。不管本文能否对里亚或费尔米吉埃的看法进行批驳，但至少能更好地展现画家完整的形象，让人们对这段并不太明朗的时期有更多的认识，进而了解当时法国社会的文化艺术生活的诸多方面。

目 录

引 言 /01

第一章 巴黎公社运动前身处历史与政治洪流中的库尔贝 /1

第一节 1848年革命时作为旁观者的库尔贝 /1

第二节 第二帝国时期库尔贝与政治权力之间的复杂关系 /7

第三节 库尔贝与蒲鲁东的交往 /13

第四节 库尔贝的艺术观 /19

第二章 库尔贝与巴黎公社运动 /24

第一节 法兰西第三共和国与巴黎公社时期积极参政的库尔贝 /24

第二节 巴黎公社对库尔贝绘画创作的影响 /33

第三节 出狱之后到逃亡瑞士之前的创作 /59

第三章 流亡瑞士期间的生活与绘画创作 /67

第一节 流亡起因 /67

第二节 在瑞士的生活境遇 /70

第三节 在疾病与绝望中去世 /84

第四章　社会生活中的库尔贝 /93

第一节　库尔贝的社会关系网以及推销自己的策略 /93

第二节　舆论界对库尔贝的看法 /113

第五章　库尔贝身后 /134

第一节　为库尔贝正名 /134

第二节　后来者向库尔贝致敬 /141

结　论 /153

参考文献 /157

附录一：库尔贝 1870-1877 年年表 /164

附录二：中外文人名对照表 /166

附录三：中外文地名对照表 /173

第一章 巴黎公社运动前身处历史与政治洪流中的库尔贝

第一节 1848 年革命时作为旁观者的库尔贝

库尔贝与政治之间一直保持着复杂的关系,他的一生也经历了法国 19 世纪中的几次重大政治变革。从政治观念上来看,库尔贝认为自己是"天生的共和派",倾向于傅立叶和欧文的乌托邦思想。[1] 库尔贝对民主怀有坚定的信念,因此他一直反对帝制。但在 1870 年以前,他并没有真正做到完全投身于政治行动。在他的作品中能看到的历史投影始终都隐藏得很深,与时事政治并没有什么直接的联系。

1848 年 2 月,法国爆发了推翻路易·菲利普(Louis Philippe)统治的革命,第二共和国在革命后取代了七月王朝。库尔贝虽然此时身在巴黎,并目睹了民众的反抗行为,但最初他并没有积极参与其中,反而表现得对这场革命漠不关心,只是作为一个小心谨慎的观察者,他的全部心思都还在绘画上头。这年 3 月,他在给父母的信中写道:"就像往常一样,我极少参与政治,

---

[1] Gustave Courbet, Exhibition catalogue published for The Metropolitan Museum of Art by Hatje Cantz, 2008, p. 409.

我觉得没有什么比政治更无用的了。……每个人都有自己该做的事。我是画家，所以我作画。证据就是我已经恢复创作半个月了，尽管现在是在共和国统治下，而这种政府并非是最有利于艺术家的政府形态（在历史上至少是这样）。"[1]库尔贝对共和国持这种不满的态度，也许是因为新生的共和国刚刚取缔了沙龙展的评委团，尽管库尔贝送了7幅油画和3幅素描参加展览，其中有一些是1847年被沙龙评委团拒绝的作品，还有一些是较早些的作品。但他同时又抱怨在这次自由沙龙展中展出的作品太多，使他的画被淹没其中。在给父母的同一封信中，他是这样说的："今天已经无法什么都不去注意了，因为一共有5500幅作品，而我的画摆在很糟糕的位置。在这样的混乱中，没什么可以指望了。"这次沙龙展从展出作品数量上来说是史无前例的，而评论界则显得更为苛刻了。就在这样的局面中，库尔贝脱颖而出得到了媒体和评论界的赏识。就在六月起义的10天前，也就是1848年的6月15日，库尔贝的名字第一次出现在报纸上，这对于一个年轻画家来说是非常荣耀的。《民族报》特约评论员普罗斯佩尔·奥萨尔（Prosper Haussard）在评论中写道："库尔贝作为画家崭露头角。他的作品《拉大提琴的人》更是一幅很有风格特色的画作，其中采用的笔触和明暗手法十分卓越、很具价值，仿佛唤起了人们对卡拉瓦乔（Caravagio）和伦勃朗的回忆。"[2]同年9月，库尔贝刚认识不久的朋友尚弗勒里（Champfleury）也在《抨击文章》上对库尔贝大加赞美，并且预言这个尚不为人们所知的年轻人将成为一位伟大的画家。1848年，可以说是库

---

[1] P. T-D Chu, Correspondance de Courbet, Paris, Flammarionm 1996, 48-2, pp. 72-73.

[2] T. J. Clark, Une image du peuple : Gustave Courbet et la Ré volution de 1848, Villeurbanne, Art Edition, 1991, p. 95.

第一章 巴黎公社运动前身处历史与政治洪流中的库尔贝

尔贝成名的开端。在这一期间,艺术家们经常聚会的地点是一家名叫安德莱的啤酒馆。库尔贝等艺术家及波德莱尔(Baudelaire)、尚弗勒里和哲学家蒲鲁东(Proudhon)等人,常常在此高谈阔论。

库尔贝对当时的政治并不感兴趣,也许是由于他作为一个外省人,始终对巴黎的这些动荡持怀疑和小心态度。然而他的朋友却都是些支持共和国的狂热人士,其中又以作家波德莱尔和尚弗勒里最为活跃,波德莱尔就曾亲自登上街垒,而且库尔贝创作的《波德莱尔肖像》(图1)很可能是在1848年4月完成的。1848年2月下旬,波德莱尔、尚弗勒里与夏尔·图宾(Charles Toubin)一起创办了一份名为《公共安全》的报纸,该报纸总共只出版了两期。他们邀请库尔贝为1848年2月27日出版的第二期报纸创作一幅插图,这幅画现存于巴黎卡纳瓦雷博物馆,题为《街垒上的一名起义者》(图2),是库尔贝唯一一幅以1848年革命为题材的作品。这幅纸上炭画草草描绘出一名男子站在街垒上,左手挥舞着一把步枪,右手持一面旗帜,这样的形象让人联想起德拉克洛瓦的《自由引导人民》。然而库尔贝给这个衣衫褴褛的人物戴上了一顶大礼帽,这是资产阶级的标志,以至于人们很难说出这个人物是属于工人阶级还是资产阶级的斗争者,也许这正是库尔贝有意而为之的,目的就是为了避免直接涉及政治这个艰难而又危险的主题,但这幅画至少表明库尔贝意识到了一个介入型艺术家应该扮演的角色。

同年5月至6月间,工人阶级与当权的资产阶级之间又爆发了冲突,抗议者遭到了时任陆军部长的卡芬雅克(Cavaignac)的暴力镇压。这一事件终于使得库尔贝不再持无动于衷的态度,但库尔贝并没有加入任何一个阵营的斗争,也从未对朋友波德莱尔等人的行动作出任何评价。为了让身在平静的奥

· 3 ·

法国画家**库尔贝** 晚年的生活与创作

▲图1

《波德莱尔肖像》
1848，布面油画，54×65 cm
蒙比利埃，法布尔博物馆

▲图2

《街垒上的一名起义者》
1848,纸上炭笔,9×12 cm
巴黎,卡纳瓦雷巴黎历史博物馆

尔南的家人放心，他在家书中尽可能轻描淡写地讲述这些悲剧性事件，包括后来的巴黎公社时期，他也是竭尽所能来宽慰家人。在6月26日给父母的信中，他向父母解释了自己为什么没有参与政治运动："我们身处一场可怕的内战中……我认为在法国还从未发生过类似的事情……我没有参加斗争，有两个理由。首先因为我不信任使用枪和炮的战争，这违背了我的原则。十年来，我一直在进行精神上的战争。如果我采取别的行动，就不符合我自己的逻辑了。第二个原因是我没有武器也不想被武装起来。因此，你们无需为我担忧。"[1]由此可见，库尔贝此时的精神状态应该说既非反动也非革命的，他周围有很多的革命者朋友，他并没有超脱于当时的政治和社会现实之外，只是缺乏直接参与政治斗争的行动意愿。

　　六月起义被血腥镇压之后，制宪会议于11月通过了第二共和国宪法，12月开始全民直接投票选举总统，结果拿破仑一世的侄子路易－拿破仑·波拿巴（Louis-Napoléon Bonaparte）得票最多，当选为总统。

　　尽管库尔贝没有参加1848年的革命，但这一年在他的艺术生涯中仍然可以看作是一个新起点，例如在1848年到1849年沙龙展之间，他开始描绘奥尔南地方的乡村生活以及巴黎放荡不羁的艺术家生活这两种新题材。这意味着他告别了最初七年的青年画家时代，同时开始了更加努力，内容也更加丰富多样的创作，用画笔来表达自己的政治观点。

---

[1] P. T-D Chu, Correspondance de Courbet, Paris, Flammarionm 1996, 48-4, p. 76.

第二节　第二帝国时期库尔贝与政治权力之间的复杂关系

19世纪30年代末40年代初，库尔贝从奥尔南来到巴黎，经过了最初十年的画家生涯，他不再是当初那个一无所有的外省青年，并且开始逐渐适应巴黎的社会风仪。从1850年起，他逐步获得了一定的艺术和社会地位，越来越自信，举止也更狂放不羁。在他身上，不仅仅有对过往的抛弃，同时也有对教育、学院主义、宗教和政治机构的否定，他是个无所畏惧的异端分子，从来都不害怕引起轰动。1851年，当时的一份报纸误称库尔贝参加了一个共和主义者的集会，库尔贝否认了此事，但却借此机会给报纸总编写了一封信，来肯定自己的激进反叛者身份。在信中，他说自己很乐意接受报纸记者给他扣上的社会主义画家的称呼，他还说，自己不仅仅是个社会主义者，还是一个民主派和共和派人士，也就是说他支持所有的革命，而且他更是一个现实主义者，因为现实主义者即是一个热爱最真实的真理的人。库尔贝的这段公开声明，流露出了他的骄傲、直率与天真。

1852年12月，时任第二共和国总统的路易-拿破仑·波拿巴授意参议院恢复皇帝称号立自己为帝，史称"拿破仑三世"，从此改第二共和国为法兰西第二帝国，直至1870年9月4日色当惨败后帝国覆灭，第二帝国一共延续了近18年时间。第二帝国时期，法国加快了现代化脚步，大银行家和大企业主掌握了国家命脉,巴黎也进行了大规模的城市规划改造,帝国之初,工人阶级与统治阶级之间的矛盾趋于缓和。对库尔贝来说,一切都算是顺利的,1853年5月,他在给父母的信中就说起了自己的画作被沙龙评委团接受,并且没有遭遇任何反对意见,他认为自己得到了公众的认可,而无须接受评委的评判。库尔贝开始寻求机会来达成自己的现实主义目标。尽管他并不欣赏拿破仑三世同母异父的兄弟莫尔尼(Morny)伯爵,但他还是试图与这位伯爵接近,后者购买了他的作品《村中仕女》,这一年的5月,库尔贝给这位伯爵写了一封信,请求借用这幅已经售出的作品来复制照片和版画,供出版商使用。

库尔贝之所以采取这种机会主义的行为,也许是因为在当时的美术机构中,他的敌人远远多于朋友。例如1852至1855年间曾任美术总负责人的罗米鄂(Romieu)就极其憎恶库尔贝,并试图在艺术界和政治界对他进行威吓。尽管如此,政治人物们还是没有夸大库尔贝的破坏作用,例如莫尔尼伯爵就曾在提交给警察局的一份报告中,将库尔贝定义为一个"不足为患的闹事者"[1]。

拿破仑三世的政权也主动向库尔贝伸出了橄榄枝。1853年,时任美术总监的纽维柯克(Nieuwerkerke)就曾以政府的名义邀请库尔贝共进午餐。餐桌上,纽维柯克提出政府希望为1855年的万国博览会向库尔贝订制一幅杰出的画作,条件是库尔贝事先要提交一幅草图,以接受一个由他自己选择的艺术家委员会和一个由政府挑选的委员会的评审。他还一语双关地劝说画家"你的葡萄酒该兑上点水了",流露出要求画家的作品应该收敛锋芒的意思,结

---

[1] Michel Ragon, Gustave Courbet, Paris, Fayard, 2004, p. 74.

果遭到了库尔贝强烈的反应。库尔贝对此勃然大怒,回答道他拒绝服从纽维柯克所代表的政府。他说自己也是一个政府,只有他自己才能评判自己的画。库尔贝说自己不仅仅是个画家,而且是一个人,他作画不仅仅是为艺术而艺术,更是为了获得精神上的自由。纽维柯克对库尔贝如此激烈的反应感到大为吃惊,惊叹道:"库尔贝先生,您可真骄傲!"库尔贝却毫不示弱地回答道,"我是法国最骄傲、最自负的人。"[1] 谈话最后不欢而散。关于这件事,库尔贝在1853年写给收藏家阿尔弗雷德·布吕亚(Alfred Bruyas)的信中进行了详细的描述。

这次事件之后,库尔贝与拿破仑三世的宫廷之间仍然关系疏远,不过库尔贝的艺术生涯并没有受到什么影响,反而在第三帝国这18年间扬名绘画界。只是库尔贝一生中从没有与拿破仑三世会过面,也不曾涉足宫廷,而是一直与政权保持距离。他对自己的朋友蒲鲁东和波德莱尔十分忠诚,这两人对帝国都抱有很大的敌意。另外他还去瑞士探望了被当局流放的朋友马克斯·布雄(Max Bouchon)。库尔贝借此表明了自己与帝国政治的不合作态度。

1870年6月,看到库尔贝在国际上的影响,为示安抚,拿破仑三世政府提出要授予他"荣誉勋位勋章",但是库尔贝却公开拒绝接受荣誉勋位。从而表明了自己与独裁政权不妥协的立场。对他来说,接受荣誉勋位勋章意味着要向自己所痛恨的机构表示敬意,而且该勋位是由拿破仑一世在1802年设立的,所以他希望通过拒绝这一举措来表达自己对于这个非民主政权的轻蔑。1870年6月22日,《官方报》公布了库尔贝将获得荣誉勋位勋章,他马上于

---

[1] P. T-D Chu, Correspondance de Courbet, Paris, Flammarionm 1996, 53-6, pp. 107-110.

1870年6月23日在《世纪报》上发表了致法国美术部长的公开信,在信中他强调:"我的公民信念使我不能接受这样一个从根本上来说属于君主制下的荣誉。……任何时候、任何情况下、出于任何理由,我都不会接受它。……荣誉并非来自一个头衔或是一条缎带,它在行动中,而且在行动的动力中。……我已经50岁了,一直过着自己的生活。请让我自由地结束我的一生。当我去世的时候,人们应该这样谈论我:'这个人从来没有属于任何一个派别、任何教会、任何机构或任何学院,尤其没有归属于任何一种制度,除了自由的制度。'"[1]由此可见,库尔贝始终坚持艺术家的自由与独立,忠于自己的民主原则,拒绝向政权靠拢,但这一事件对他来说同时也起到了很好的宣传效应。很多与库尔贝同时代的人都感觉他拒绝荣誉勋章更多地是为自己制造噱头,因为他在1869年毫不犹豫地接受了圣米盖尔一等骑士勋章。所以当时的一些漫画对此进行了嘲讽。1870年8月在《插图世界》上的无名作者漫画的说明词就是"如果能把自己的头像放上去,库尔贝就会接受荣誉勋章"。[2](图3)

1870年,库尔贝经常去马德里咖啡馆参加聚会,与一些极左派人士的接触也越来越多,这些人中有不少在后来的巴黎公社运动中起到了很大的推动作用,其中最著名的有罗什富尔(Rochefort)、甘必大(Gambetta)、瓦莱士(Vallès)等人。

这一年的7月17日,拿破仑三世向普鲁士宣战,8月2日起两军开始对峙,普法战争正式爆发,库尔贝立刻表达了他对战争的反对和自己的和平主

---

[1] P. T-D Chu, Correspondance de Courbet, Paris, Flammarionm 1996, 70-19, p. 336.
[2] P. T-D Chu, The most arrogant man in France, Princeton, Princeton University Press, 2007, p. 172.

第一章 巴黎公社运动前身处历史与政治洪流中的库尔贝

▲图 3

漫画,佚名作者
1870 年 8 月发表于《插图世界》

义思想。他在给父母的信中描绘了巴黎的一片荒芜景象,警察和政府鼓吹着"战争万岁",而库尔贝则认为这是种无耻的行为,拿破仑三世是在为自己发动一场王朝的战争,帝国即是侵略。

　　法军在色当惨败之后,拿破仑三世和手下的 39 名将军被德军俘虏,1870 年 9 月 3 日,甘必大在巴黎宣布了第二帝国的终结。9 月 4 日,临时政府在巴黎市政厅组建。从此,库尔贝直接涉足政治运动中,经历了人生最后几年的跌宕起伏,直至最后在流亡中客死异乡。

第三节　库尔贝与蒲鲁东的交往

库尔贝为人十分自负，然而他一生中却始终对蒲鲁东（1809—1865）这位19世纪的大哲学家、思想家极为欣赏。蒲鲁东比库尔贝年长10岁，兼为政论家、经济学家、小资产阶级社会主义者，也是法国早期工人运动活动家，无政府主义的创始人之一。他出生于贝桑松的一个农民兼手工业者家庭，曾在印刷厂当过排字工人和校对员，通过自学而成为职业作家，后与人合伙开办小印刷厂。1837年，蒲鲁东迁居巴黎，从事著述活动，并于1840年发表《什么是所有权？或关于法和权力的原理的研究》，提出"所有权即是盗窃"的论点，蜚声于世。作为无政府主义的始祖，蒲鲁东又是一个反权威主义者。他由反对任何国家和政府进而反对一切权威即任何形式的"统治和顺从"。是他首倡了"无政府主义"一词，反对政府和一切权威、法律，提出"打倒政党，打倒政权，要求人和公民的充分自由"的口号，反对暴力革命。

蒲鲁东与库尔贝的相识是在1848年前后，当时前者已经在法国和国际思想界享有很高的声望。1845年，马克思还曾专门造访蒲鲁东。作家波德莱尔也很敬佩蒲鲁东，将之视为榜样。一些史学家认为是波德莱尔介绍库尔贝与蒲鲁东认识的，但也有另一些认为是库尔贝童年好友布雄从中引荐，因为后者也是一位坚定的蒲鲁东主义者。

1848年革命发生以后，蒲鲁东开始从事实际的社会改革活动，曾任《人民代表》报和《人民之声》报主编,并被选为国民制宪议会议员。1849年3月,蒲鲁东因为在自己创办的报纸《人民之声》上发表了很多反对时任总统的路易-拿破仑·波拿巴的文章,而被当局判处3年徒刑和3000法郎的罚款。他在狱中写成了《一个革命家的自白》和《十九世纪革命的总观念》。根据蒲鲁东1851年4月11日在自己《记事本》上的记载,库尔贝于这一天到监狱探访过他。此外当他在1852年6月获释出狱时,库尔贝曾到监狱门口迎接他。1858年蒲鲁东在《论革命与教会的正义》一书中激烈抨击天主教会,在再次被捕威胁下流亡比利时,后来在1862年时遇赦返回法国,继续宣扬他的无政府改良主义思想。蒲鲁东的学说和政治活动对巴黎公社前的法国工人运动颇有影响,形成"蒲鲁东主义",此外还在意大利和西班牙等小生产占优势的国家中流传。

蒲鲁东对库尔贝的一生起到了至关重要的作用,但他并没有直接影响到画家的创作,而是在库尔贝对世界的政治和社会认识方面起到了引导作用。库尔贝在19世纪50年代的主要作品究竟在什么程度上能切实反映出他的左派思想,这始终是个争执难决的问题。可以肯定的是,库尔贝很赞同蒲鲁东提出的艺术的社会功用论。1865年,蒲鲁东去世,同年出版了他的一本尚未完成的关于艺术的专论,即《论艺术的原则和社会用途》,这本书是他应库尔贝的要求从1863年起开始撰写的,起初是为了评论现实主义以及库尔贝在1863年创作的《牧师从教区会议归来》,这是一幅讽刺神职人员的油画。由于受到了教会人士的指责、冒犯了作品审查人员的信仰,它被沙龙展拒之门外。后来,作品被宗教界人士买去,不知所终。后来这部专论不断扩充,成为一部真正的艺术史著作,而其中,库尔贝的作品成为艺术史的终结和最主要的历史断裂。蒲鲁东在专论中要求艺术家放弃个人的理想来为集体服务,他还指出艺术必须是实用的,而且要协助创建一种社会模式。因此,创作历史题材绘画的艺术家只应该涉及一些当代主题,而且还不能说谎,不能制造幻景和荒谬。由此可见,蒲鲁东实际上是凭借了库尔贝的绘画来将广泛意义上的艺术理论化。对于蒲鲁东而言,库尔贝是完美表达出新艺术的艺术家,因为他理解了艺术教育的使命,并且热爱正义和真理,他的艺术是批判性的,关注了人类的生存条件和苦难。

库尔贝与蒲鲁东的通信也集中在 1863 这一年里,在一封信中,库尔贝给蒲鲁东提供了很多格言式的警句,来表达自己的艺术观点,这是因为他意识到蒲鲁东在谈论艺术时缺乏敏感性。而蒲鲁东尽管对这些并不以为然,但他应该还是仔细地阅读过这些句子,因为其中的一些被他原文照搬到了自己的专论中,例如"过去只能起到教育的用途"。而这些警句也充分表达了库尔贝对政治、社会、人生的看法,例如有些句子中他表达了对宗教的排斥:"摒弃任何形式下的任何宗教。"还有一些涉及到人文主义的层面:"一个有美德的人是有勇气表达自己观点的人,能坚定不移地沿着自己确定下来的道路前进。""一个一生中都在积聚钱财的人,与精神世界是脱节的。"库尔贝还讨论了有关阶级的问题:"一个阶级与其他阶级之间的区别是不存在的,人只有通过自己的作品或行动才能产生区别。"他更是强调了独立的重要性:"最有天赋的人就是那些生而具备独立性格的人,独立能通向一切。"[1]

库尔贝与蒲鲁东有许多共同之处,他们都反对所谓的巴黎风尚,反对中央集权,反对无产阶级化和资本主义,而且他们都十分激进,甚至对农村的

---

[1] P. T-D Chu, 1996, Correspondance de Courbet, Paris, Flammarionm 1996, 63-17, pp. 206-208.

保守传统十分怀旧。这些都对库尔贝的绘画产生了影响,例如在他的作品中,人们看不到工人世界、工业的发展或城市的新景观,不像印象派的画家们热衷于描绘工业革命带来的新气象以及新时代的大都会景象。

1865年1月,蒲鲁东猝然离世,此前库尔贝一直没有机会为他绘制肖像,画家感到精神上很是消沉沮丧,希望能尽可能兑现十年来的这个承诺。而且他想要绘制的是这位亲密好友、19世纪伟人的历史性肖像。库尔贝从朋友那里要来了蒲鲁东的照片,开始着手创作,这幅画题为《皮埃尔·约瑟夫·蒲鲁东在1853年时的肖像》(图4),这一年蒲鲁东刚刚出狱,并且开始写作他的代表作《论革命与教会的正义》,还在作品《进步的哲学》中写到库尔贝的画作《洗浴的妇女们》。画面上,蒲鲁东坐在家门口的台阶上,他的两个女儿在一旁玩耍。这位哲学家左手托腮、右手扶膝的忧郁"思想者"造型,以及投向无尽之处的内省目光,都赋予了人物一种超越时间的永恒。这幅画几经画家修改,尽管被他视为"完美"的作品、有如"神来之笔",但却遭到了评论界的批评,认为画面人物的脸部色调太过苍白,实际上库尔贝正是通过这样的灰白色调来给画面蒙上一层回忆的面纱,让他心目中的19世纪的领航人能永远活在人们心中。

《皮埃尔·约瑟夫·蒲鲁东在1853年时的肖像》也给了库尔贝一个机会,来彻底实践蒲鲁东在《论艺术的原则和社会用途》中陈述的创作原则,即:"忠实地刻画人物的天性和习惯,他们的劳作,他们是如何来完成公民和家庭义务的,画他们现在的体貌特征,尤其不要让他们刻意摆姿势……"[1]

1873年,库尔贝把这幅画托付给杜朗－吕埃尔(Durand-Ruel)的画廊,

---

[1] Pierre-Josephe Proudhon, Du principe de l'art et de sa destination sociale, Dijon, les presses du Réel, 2002, p. 204.

第一章 巴黎公社运动前身处历史与政治洪流中的库尔贝

▲图 4

《皮埃尔·约瑟夫·蒲鲁东在 1853 年时的肖像》
1865—67,布面油画,147×198 cm
巴黎,小皇宫巴黎市美术馆

1877年作品被国家扣押并拍卖,直到1900年才进入巴黎市的收藏。这幅别出心裁的作品具有肖像画的深度和美感,从此把库尔贝和蒲鲁东两个人的名字紧紧联系在一起。

第四节 库尔贝的艺术观

库尔贝所提倡的现实主义不受时间或时代的局限，对他来说，现实主义是一种入世的方式，相对于现在与过去来说都是颠覆性的，艺术只属于能从现实出发来进行创作的艺术家。艺术家可以破除艺术审查者和老师的影响，以自己的方式来适应世界，这种观点的产生也是由于库尔贝所生活的时代具有极大的政治活力，政治问题只是起到催化剂的作用，让艺术家更好的来思考艺术的自由和解放。因此库尔贝一直都在强调自己的艺术理论，尤其是有关美术教育的理论。他总是说自己没有老师，而且艺术不可能被传授。他的观点可以归纳为建立在他自身经验之上的一些信念，被他奉为原则。早在年轻时代，他就对学院派教育表示不满，因此，从他艺术生涯初期起就对传统的教育持批评态度。他认为这种教育是建立在古代艺术的基础之上，臣服于意大利的影响，是强加给人们理想主义的文化，从而让人才华僵化，并使得艺术家与现实和自己的民族根源脱节。他与学院之间的关系一直都很紧张，他认为绘画艺术必须发生改变，艺术家必须摆脱强加在他们身上的束缚。在他看来，学院的成员定位不清，在创作的同时又担任评审，往往有很大的偏见，只能帮助和鼓励那些盲目追随学院的艺术家，因此会阻碍艺术的进步。

对于库尔贝来说，他的艺术理论有三个基本点，而这些都源自他对学院的憎恶，一直以来他都在针对学院进行斗争。第一点是他厌恶学院所提倡的古希腊和古代传统，从而对整个古典的艺术教育产生了质疑。第二点就是他拒绝接受学院派重视的来自意大利的影响。他认为法国艺术要从本国来寻求根源，来创造本民族的艺术。第三点是他拒绝理想化，因为理想化冲淡了现实意味，产生的是一种不自然的绘画。出于以上三点，库尔贝的信条是必须在博物馆内深入研究学习绘画传统，尤其要研习北方画派的大师，因为他们的作品深深植根于当时日常生活的现实中，与法国艺术有异曲同工之妙。

而在政治层面，库尔贝最重要的一条原则就是不能容忍国家对艺术的监管，他认为只有艺术家才能对艺术家进行判断和奖励。1870年当他拒绝荣誉励位勋章时，他就曾说过国家在艺术方面是无能的，当国家对艺术家进行奖赏时，就是对公众喜好的一种侵犯。

库尔贝曾几次在公共场合发表自己对于艺术和艺术教育的看法。1855年，在举办首次个人展览之际，他就发表了著名的《现实主义宣言》。在展览的图录中，他是这样声明的："我在一切体制精神之外、不带任何成见地研习了古代人和现代人的艺术。我既不想模仿前者也不想抄袭后者。此外，我也无意于追求'为艺术而艺术'这个无聊的目标。不！我仅仅希望通过对传统的充分了解，来获得我自己个性中的理性而独立的情感。求知是为了创造，这是我的想法。能够根据我自己的评判来表达我的时代的风俗、思想和面貌；不仅仅作为一名画家，同时也是一个人，简言之就是创造鲜活的艺术，这是我的目标。"[1]

---

[1] Gustave Courbet, Exhibition catalogue, published for The Metropolitain Museum of Art by Hatje Cantz, 2008, p. 447.

此后，1861 年 8 月，他在安特卫普世博会期间的艺术研讨会上也曾以现实主义之父的身份发言，演讲词几天后发表在《安特卫普先驱报》上[1]，演讲中他提到了"信仰的职业"，指出"现实主义就其本质来说是民主的艺术"，以及两种互相对立的体系，其一是君主制和宗教的体系，建立在神启观念之上，在艺术上则表现为理想化，在社会中则表现为将制度希望给予民众的东西授予一批"注定无知"的民众。第二种是民主的体系，人民在 1848 年获得投票权后应该就能进行自我教育，努力获取有用的知识，以进入到一种能将人民考虑在内的艺术中。他还表示艺术是不能进行传授的，"我只属于自己；我不办学；出于对我的个人主义体系的忠诚，我拒绝培训学生。"实际上，他这些关于艺术教育的思想受到了朋友蒲鲁东和布雄的哲学观念的影响，而且这两人也都来自弗朗什－孔代地区。他的这些艺术思想也与自己的革命政治思想一脉相承，在巴黎公社时期得到完善。

就在安特卫普的研讨会一个月后，有一些年轻的艺术家请求库尔贝开办一个培训班，卡斯塔那利将这些年轻人聚在一起。作为回答，库尔贝给这些年轻人写了一封信，即 1861 年 12 月致巴黎年轻艺术家的信，这封信既是对库尔贝有关艺术教学的思想的一个完整陈述，也是对现实主义最充分的定义。他重申了艺术教学的不可能，并且拒绝采用老师和学生这样的称谓。他在信中是这样说的："我没有、也不能有学生。我认为一切艺术家都应该做自己的老师，我无法设想自己成为老师。我不能传授我的艺术，也不能传授任何学校的艺术，因为我否定艺术教育，或者换言之艺术完全是个人的，对于每个艺术家来说，都应该有自己的灵感和对于传统的研习。我还要补充说，在

---

[1] Thomas Schlesser, Le Journal de Courbet, Paris, Hazan, 2007, p. 223.

我看来，对于一位艺术家而言，艺术或者才华只能作为一种手段，为他所生活的时代的思想和事物发挥自己的作用。尤其是绘画艺术，只能再现艺术家可看到或者可触摸的物体。……我坚持认为，绘画是一种从本质上来说很具体的艺术，它只能再现真实的和存在的事物。这是一种有形的语言。其中的词汇就是一切看得见的物体。……美，在自然当中，在现实中有多种表现形式。一旦美在现实中表现出来，它就属于艺术。或者说，属于能够发现美的艺术家。……没有（绘画）流派，只有画家。"[1]

因此库尔贝只是提议创办一个集体画室，以便在这里给年轻艺术家们讲述如何成为一个画家以及他是如何成功的，一共有40多人慕名前来，其中就有方丹－拉图尔（Fantin-Latour）。这里租金低廉，条件也很简陋。每个年轻人都得带着自己的画架和小板凳前来学习。库尔贝很投入，不过他还是把自己的作用仅限于给大家提供一些总体的引导，而不是位严格的老师。几个月后，由于房东不满集体画室带来的喧嚣和对房屋的损坏，决定将这间出租房屋收回，这个画室并没有持续多久，库尔贝也离开巴黎去了圣董日（Saintonge）。实际上，这个画室的开办，可以说是一种空想或者是一个错误。这是因为库尔贝只是一个理论家而不是个善于实践的教育工作者。他本人是个个人主义者，并不相信艺术教育，所以他很难满足这群期望值很高的年轻人的需要，这个画室更多的是给他起到了宣传效应。

相比之下，库尔贝的对手、画家古图尔（Couture），相对学院派来说也是比较边缘化的，而且也是支持共和国的人士，但在美术传授方面却与他恰

---

[1] P. T-D Chu, 1996, Correspondance de Courbet, Paris, Flammarionm 1996, 61-16, pp. 183-184.

恰相反。古图尔完全不是理论家，却是个很好的老师。他知道如何传授自己的经验，同时不会把自己的风格强加给别人，此外，他也没有创立流派。在这方面，我们还能把库尔贝和同时代的另一位画家作比较，即居斯塔夫·莫罗。莫罗所教的学生们的作品风格各异，例如马蒂斯（Matisse）、鲁沃（Rouault）、马尔盖（Marquet），而且学生与老师之间也有很大的差别。

第二章 库尔贝与巴黎公社运动

第一节 法兰西第三共和国与巴黎公社时期积极参政的库尔贝

1870年9月的色当战役之后，拿破仑三世被俘，法兰西第三共和国宣告成立，史称国防政府。这段时期，库尔贝获得了前所未有的成功，首先是在1870年的沙龙展上凭借两幅海景图大受好评，在艺术界声望颇高，然后法国政治和社会界也赋予了他荣誉，任命他在博物馆界担任重要职务。

1870年9月6日，库尔贝经当时文化部长于勒·西蒙（Jules Simon）首肯，被艺术界选为"保护国立博物馆艺术委员会主席"（即艺术家委员会），负责监管巴黎及其近郊博物馆内保存的艺术遗产，这个委员会的成员中还有杜米埃（Daumier）和当时的一些重要艺术家，但是委员会的功能和权限并不清晰，官方也只是模棱两可地认可这个委员会。库尔贝还是很严肃地看待这一职务，并迅速行动起来，在他写给于勒·西蒙的信中，人们可以读到他在塞弗尔陶瓷工场、凡尔赛宫、卢森堡博物馆和卢浮宫博物馆进行的一系列工作。巴黎陷落后几天，他被任命为档案委员会成员，对博物馆的行政管理进行调查。然而，在发布的文化部保护措施中，并没有提及艺术家委员会。原因是艺术家的干预让文化部面对博物馆感到处境尴尬。

同时，库尔贝于9月14日给时任国防政府公共工程部长的朋友皮埃尔·多里昂（Pierre Dorian）致以请愿书，希望能"打倒"旺多姆广场纪念柱，请愿书发表在《巴黎市官方通报》上。此外他还提议将纪念柱的原材料经收集后送往铸币局。在反对法兰西帝国和对帝国失望的人眼里，这根纪念柱是对拿破仑一世的纪念，是拿破仑为了宣扬自己战争胜利的功绩亲自下令竖立起来的，采用的原材料是法军在奥斯特里茨战役中缴获的奥地利大炮。而且历次政权更替时，纪念柱上方的拿破仑像也随之经历了替换。

随后也有好几个人追随库尔贝的提议，甚至有人建议把柱子熔化掉，用来制作大炮。相比之下，库尔贝的请愿书是比较温和的，他并没有呼吁摧毁纪念柱，而只是希望拆掉它。而且从10月5日起，他的建议改为将拆下来的浮雕送进历史博物馆。只不过他所发起的这个倡议却给他带来了悲剧性的后果，导致了他后来几年的颠沛流离。

由于国防政府的消极抵抗，普鲁士军队长驱直入，完成了对巴黎的包围。此时很多法国艺术家已经纷纷前往伦敦躲避战乱，其中就有毕沙罗（Pissaro）、多比尼（Daubigny）和莫奈（Monet）。而库尔贝还是留在了巴黎，在巴黎陷落期间，他表现得就像一个完美的空想主义者。10月29日他在阿特内剧院朗读了《致德国军队和德国艺术家》的信。信中他要求德国士兵离开，向德国艺术家唤起两国艺术家一起在法兰克福和慕尼黑共同度过的美好时光的记忆。

12月1日，库尔贝辞去了档案委员会的职务，但是保留了艺术家委员会主席一职。陷落期间，库尔贝消瘦了很多，他在巴黎原来的住所被炮击，只好搬家，在奥尔南的工作室也遭到破坏。但他却越来越多地参与到政治中，发出了大量的声明和倡议。1871年的2月和3月，他曾颇有勇气地参加立法选举和市政选举，这是他第一次直接的政治介入行动。尽管两次都以失败告终，但却表明了他想涉足政治事务的意图。与此同时，主张停火的政府与希望斗争抵抗普军的巴黎人民之间产生了深刻的鸿沟，民众两度爆发抗议行为，但政府仍然被投降派操纵。1871年3月17至18日，2月当选为"法兰西共和国行政权力首脑"的梯也尔躲到了凡尔赛，命令军队用武力解除巴黎国民自卫军的武装。3月18日，被迫自卫的巴黎民众举行武装起义，占领了市政厅与旺多姆广场。就在同一天，库尔贝感觉到了时局的变化，发表了《致巴黎艺术家》[1]的第一封信，号召他们行动起来，准备下一次的展览。巴黎人民组织起来，库尔贝也在行动。国民自卫军中央委员会成功领导了3月18日起义，并发起了新的选举，但凡尔赛的政府和国民议会却称之为捣乱。尽管如此，选举仍然于3月28日在巴黎市政厅举行，中央委员会的成员将权力交给了由巴黎各区普选产生的代表组成的巴黎公社。在这种背景下，库尔贝积极投身于新生的巴黎公社运动中，并希望在自己能艺术领域起到重要作用。

  4月6日，库尔贝再次呼吁艺术家们开始工作，准备博物馆的重新开放。4月7日，他勾勒出一个符合"公社精神"的规划，提倡首先成立一个艺术家委员会，作为唯一有权选举博物馆馆长和研究员以及组织展览的机构。为此，库尔贝与4月10日和13日两次召集艺术家聚会，4月10日，会后在库尔贝的倡议下，成立了巴黎艺术家联合会，由他担任主席，联合会的使命是管理博物馆和保护文化艺术遗产，组织公共订购艺术品的竞赛和艺术教学，其目的是使艺术家能够对整个艺术领域进行管理，使艺术能自由发展，摆脱一切

---

[1] P. T-D Chu, Correspondance de Courbet, Paris, Flammarionm 1996. 71-6, pp. 358-359.

政府监管和特权的影响。接下来库尔贝还要求取消法兰西学院中的美术部、罗马美术学校和高等美术学以及各种有关的奖项和荣誉奖章。4月12日，出于政治原因，摧毁旺多姆纪念柱的法令投票通过。实际上库尔贝几天后才去巴黎公社议会就任，但后来人们却把这件事归咎于他一人。4月16日，库尔贝终于当选为巴黎第六区的区议员，负责该区的行政事务。巴黎公社还将他任命为美术事务代表以及公共教育委员会成员。与此同时，巴黎与凡尔赛之间的斗争愈演愈烈。

4月17日，在卢浮宫选举出了艺术家委员会，共有47名成员。这个委员会负责对古建筑和公立博物馆进行保护和行政监管，在巴黎地区组织艺术展览，在巴黎公社的小学和专业学校中进行素描和塑形的教育。这个委员会相当于一个艺术家工会，很多画家都加入了委员会，例如库尔贝、柯罗（Corot）、杜米埃、马奈（Manet）和米勒（Millet）。该委员会一直致力于保持艺术家的独立性、摆脱政府的干预和其他任何行政束缚的工作，希望发展起公社的义务美术教育。所有的这些措施都表明这是一种全新的尝试，并且体现出一种对艺术家自由的新看法。实际上，画家大卫早在1793年就已经推动了取缔学院的工作。应该说，库尔贝的工作是大卫事业的延续。甚至到了1968年，时任文化部长的马尔罗也有取消高等美术学院的计划。库尔贝在这场关于艺术教育的思想演变中占据重要地位，虽然他所起到的作用一直以来也没有得到人们正确的认识和评价。

库尔贝在巴黎公社期间尤其是担任美术事务代表后，认真担负起职责来，积极投身于国立博物馆藏品和一些古建的保护工作中，例如凯旋门、马利的马匹雕塑还有让·古戎为卢浮宫做的浮雕。对于库尔贝而言，巴黎公社是他生命和职业生涯的一个顶点。此时，这位年已五十的艺术家通过参加教育和艺术方面的这些委员会，获得了实践其革命理论的机会。库尔贝是巴黎公社议会的成员，这个议会设置了9个委员会，由一个执行委员会负总责。共同发挥着国家部委的作用。在4月18日的选举和21日的调整之后，教育委员会组建，库尔贝是这个委员会的成员之一。库尔贝早在3月就被任命为艺术家大会的主席。在他通过报刊发给艺术家的信件中，就发出了很多倡议，涉及艺术家委员会的构成、艺术家对博物馆的管理以及年度沙龙展的组织。他还建议取消法兰西学院中的美术分院以及罗马艺术学校和高等美术学院。此外，他否认巴黎相对于外省的艺术权威地位，提议巴黎市政府以组织竞赛的方式奖励年轻艺术家出国学习。他的提议涵盖了艺术生活的各个方面。库尔贝仿佛看到自己的梦想正在实现，从未感到如此幸福，在1871年4月30日给父母的一封信中他这样写道："我沉浸在狂喜中。巴黎是个真正的天堂；没有警察，没有愚蠢的行为，没有任何形式的残暴，没有争吵……要是能一直这样就好。"[1]可见库尔贝对巴黎公社抱以热切的期望，这应该是库尔贝理想中的政权体制，人民当家做主，在这样的共和制度下，艺术也不会沦为政权的附属品。库尔贝才会如此积极地参与到公社政治当中。

但风向却很快发生了转变，库尔贝的愿望落空了，他和其他公社成员不同的地方，就在于他没有加入国民自卫军，也没有参加任何战斗。当公社运动趋向暴力行为时，库尔贝便脱离了巴黎公社，他始终采取的是一种和平主义的态度，强调自己政治介入行动的纯艺术层面，实际上他在整个公社运动中的行动的确都是围绕着美术方面展开，这是因为他认为艺术实践不能脱离

---

[1] P. T–D Chu, Correspondance de Courbet, Paris, Flammarionm 1996. 71–16, p. 366.

机构进行，也就是说它必然具有政治性。对于库尔贝而言，美术本身就应该自成一体地来进行自我管理，任何政府都不能凌驾于美术界联合之上，公社只需要管理一些涉及到共同利益的事务，以及美术界与其他各界之间的关系。由此看来，艺术政策属于政治的一部分。而他自己身兼艺术家联合会和巴黎第六区区议员一职，恰好是一个能让他把艺术和政治结合在一起的机会。

从4月初起，凡尔赛军队就开始向巴黎进攻，遭到了巴黎公社社员们的反击。4月中旬，战斗日趋激烈。5月1日，凡尔赛的军队开始不断炮轰巴黎。形势对巴黎公社来说极为严峻，但库尔贝从5月1日起就与巴黎公社决裂了。5月11日他辞去了在巴黎公社的职务，但仍保留克吕斯雷（Cluseret）将军案件的陪审员一职直到5月22日，后来他还为此人绘制了肖像。1871年5月16日，也就是在库尔贝脱离巴黎公社4天后，人们摧毁了旺多姆广场的纪念柱，凡尔赛的政府军部队于5月21日进入巴黎，拉开了"五月流血周"大规模清洗的帷幕，此间发生了很多起人质劫持或火灾事件。库尔贝在流血周中四处奔走，试图拯救卢浮宫免遭火灾。5月28日，最后的街垒倒下来，很多人被判处死刑，塞纳河中鲜血流淌。很多公社成员被军事法庭判处死刑或是流放到新喀里多尼亚及法属圭亚那等地。

库尔贝本性平和，他在公社委员会中属于温和的少数派。因此他和瓦莱士一样，从5月1日公社决定成立一个公共安全委员会时起，他们就与多数派分道扬镳。但库尔贝仍然坚持从事国家艺术收藏品的保护工作。然而，正如库尔贝在1855年的《现实主义宣言》中所表示的那样，他不仅仅是一名画家，更是一个人。作为人，他要承担起自己的责任，走出艺术界，参与到与巴黎公社运动的方向有关的广泛辩论中，例如他曾为巴黎的防务工作忧心忡忡，也曾反对组建公共安全委员会，并且签署了少数派宣言。因此人们可以看到，库尔贝对巴黎公社的贡献并不仅仅限于美术领域。

库尔贝遭到追捕，搬家躲避，但他过去的住所都被搜查。于是他躲到了一位名叫勒孔特（Lecomte）的人士家中，并在那里画了一幅炭笔自画像（图5），作品应该是他对着镜子绘制的。他脸上已经没有了标志性的络腮胡子，嘴里仍旧叼着他的烟斗。他剃掉胡子，应该是为了避免被人认出来，但是1871年6月7日，库尔贝还是在勒孔特家中被逮捕，罪名是参加了巴黎公社并呼吁摧毁象征拿破仑战争的旺多姆纪念柱。他先是被囚禁在巴黎裁判所的附属监狱（Conciergerie）第24号房间，随后又被送到凡尔赛等待接受审判。6月30日他回到巴黎的玛扎斯监狱（Mazas）等候被送回凡尔赛受审。正是在玛扎斯监狱，他的父亲告诉他母亲去世的消息。他的母亲听信流言，以为儿子已经死去，再加上奥尔南当地人对他们家人的欺辱，市议会决定把库尔贝为奥尔南的一个广场喷泉所设计的雕塑《夏沃的渔夫》移走，并交还给他的父母，他的母亲因不堪重负而离开了人世。

库尔贝从狱中给一些身居高位的朋友写了好几封信，并且在信中提出愿意自己出资来重新竖立旺多姆纪念柱，资金来源于他将自己拥有的所有画作（他自己画的和购买的）出售所得。

7月21日，库尔贝又被送回凡尔赛的桔园，在此被囚禁了整个夏天，当中有些时日是在军队医院度过。

对巴黎公社主要领导人的审理于8月7号至9月2号之间在凡尔赛进行。库尔贝于8月14日第三战争委员会出庭。9月2日法庭宣布了判决，相对其他公社成员来说是，库尔贝得到了从轻判处，因为有很多当时的名人为他作证，

▲ 图 5

自画像
1871,炭笔画,81.5×65 cm
巴黎,卢浮宫博物馆

他选择的律师也是一位有名望的波拿巴党人。其他被控者大多被流放甚至被判处死刑,库尔贝则以作为巴黎公社成员参与摧毁旺多姆纪念柱的罪名,被判处6个月的监禁,以及500法郎的罚款,并支付所有诉讼费用(6850法郎)。事实上,库尔贝提出打倒纪念柱的倡议是在公社成立半年之前,纪念柱真正被打倒之时,他还没有当选为公社成员,并没有参与这一事件。纪念柱打倒事件和此时的审判却给他的余生带来了毁灭性的灾难。9月22日,他被送往圣佩拉吉监狱(Sainte-Pélagie)。幸运的是,12月30日他获准假释,前往讷伊(Neuilly)的杜瓦尔(Duval)医生诊所接受治疗,从而离开了监狱。

1872年3月2日库尔贝刑满后,在画商杜朗-吕埃尔的画廊举办了一个画展,共展出30多幅画,以庆祝他重获自由。从此,他又回到因忙于政治职务而放到一边的绘画上头,在艺术创作领域继续他的斗争。

第二章 库尔贝与巴黎公社运动

第二节 巴黎公社对库尔贝绘画创作的影响

一、绘画创作的沉寂

巴黎公社运动这段时间里,库尔贝专注于政治行动,他的这些政治活动对他的创作产生了深刻而隐秘的影响。尽管从表面上看来,他的画作在主题上与过去的作品具有连续性,而且有很多图案不断重复,但巴黎公社这一事件在他生活中造成的断裂,同样也存在于他的绘画之中。过去的20年中,库尔贝在艺术舞台上曾是那么活跃,造就了很多轰动,而巴黎公社期间,他于绘画上投入的时间和精力极为有限,可谓是他创作生涯中的一段沉寂期,期间并没有什么宏伟的画作,也不像从前有一些惊世骇俗挑战常规的作品。只不过,这一时期里的绘画仍旧打上了库尔贝政治介入和为此所付出的代价的印记。

在1871年秋到1873年7月(出发流亡的日期)之间的这段时间里,除了《圣佩拉吉监狱中的自画像》(图6)以外,库尔贝的作品与当时的现实事件之间几乎都没有什么图像志方面的联系,他没有绘制任何作品来直接表现他所目睹或亲身参与的各类事件。

库尔贝过去曾前往圣佩拉吉监狱看望过蒲鲁东。在七月王朝末期,进入圣佩拉吉实际上意味着囚犯能获得某种政治上的特许权,可以在自己的牢房接待朋友,与外界继续保持联系。然而,被关押在这里的公社成员并没有被

▲图 6

《圣佩拉吉监狱中的自画像》
1871–1872,1872–1873 或更晚? 布面油画,92×72.5 cm
奥尔南,库尔贝博物馆

第二章 库尔贝与巴黎公社运动

看作政治犯,而是与小偷、杀人犯之类的人关在一起。

不过库尔贝在圣佩拉吉期间,他通过付钱还是享受到了一个单间牢房,即朝院子的 4 号牢房,封闭的窗户使房间显得很阴暗。而且他还得到许可可以让别人从外面给他送吃的。但他只能在会见室接待来访者。他给亲戚朋友写了很多信,根据不同的通信者,他在信中流露出的情绪也大不相同:当他给家人写信时,总是试图让他们放心:"现在我可以透透气,能自由地散步,和别人交谈……我收到来自各地的祝贺,德国、英国、瑞士。所有人都向我伸出了手,除了那些反动者和被拿破仑政府收买的人……"[1] 而当他给朋友莉迪·若利克莱尔(Lydie Jolicler)写信时,则显得消沉很多:"在生与死之间这些可怕的孤独时刻(因为你们永远无法想象我们所遭受的痛苦),人总是会回想起自己年轻的时候,想起自己的家人和朋友。……我遭到洗劫、摧残、诬蔑,在巴黎和凡尔赛的街道上戴着镣铐被拖着走,被那些蠢话和侮辱弄得奄奄一息。我窝在隔离监狱,这里让人失去理性和气力。我和一群下等人一起躺在满是臭虫虱子的地上;从一个监狱运往另一个监狱,在医院里的时候周围都是一些将死之人,在被隔离的车厢里,在人的身体无法进入的格子里,四个月的时间里,一直被步枪或手枪抵着喉咙。……从天地始创起,大地上都从未发生过这样的事情。在任何民族中、任何历史上、任何时刻,人们都没见过这样的大屠杀,这样的报复行为。……我瘦了 50 斤[2]。……"[3]

在给朋友卡斯塔那利的信中,他讲述了自己遭到欺侮被迫停止绘画,但

---

[1] P. T-D Chu, 1996, Correspondance de Courbet, Paris, Flammarionm 1996, 71-43, p. 393.

[2] 法国古斤,巴黎为 490 克,其余各省为 380 至 550 克不等。

[3] P. T-D Chu, 1996, Correspondance de Courbet, Paris, Flammarionm 1996, 71-44, pp. 394-395.

他找回了自己的干劲和自己独有的那种指挥的口吻:"有件事情让人无法理解,他们阻止我进行工作,而且是有预谋的。……您可以见到甘必大[1],跟他说说这些,叫他下令迫使我工作。"[2]

而从库尔贝的有些信中,人们能看到他的日常生活情况,例如他写给圣佩拉吉监狱长的信件:"狱长先生,您能否给我在房间里安装一个坐浴盆,这样就能让我继续巴黎和凡尔赛的医生针对我的痔疮感染提出的治疗方法,我将十分感激。我还希望您能允许我每天买瓶啤酒,因为我的这个病,使我已经不能再喝葡萄酒了。还有就是请您把您图书室的目录给我一份,然后给我一个棉的睡帽和一个大浴袍……"[3]

库尔贝曾经在1861年12月致巴黎年轻艺术家的信中写道:"历史的艺术从本质上来说是当时这个时代的艺术。每个时期都应该有自己的艺术家来为未来表现和再现这个时期。一个无法由自己的艺术家来进行表现的时期,没有权利让后来的艺术家表现自己。否则就是篡改历史。"[4]然而,当人们面对19世纪70年代这场历史大动荡时,画家并没有表现得如同自己在信中所说,他的笔下并没有直接涉及历史。由于画画的时间不够,同时也因为当时的政治和艺术上的审查,库尔贝在作品中很少涉及革命的片段,除了静物画系列的隐喻。而在这一时期为数不多的作品中,《圣佩拉吉监狱中的自画像》可以说是唯一一幅直接表现了画家与历史之间痛苦关系的油画,是库尔贝为

---

[1] 甘必大于1871年2月当选国民议会主席。
[2] P. T-D Chu, 1996, Correspondance de Courbet, Paris, Flammarionm 1996, 71-45, p. 396.
[3] P. T-D Chu, 1996, Correspondance de Courbet, Paris, Flammarionm 1996, 71-42, p. 392-393.
[4] P. T-D Chu, 1996, Correspondance de Courbet, Paris, Flammarionm 1996, 61-16, p. 183.

第二章　库尔贝与巴黎公社运动

妹妹朱丽叶特所作,也许是为了留给妹妹作为纪念。至于这幅作品的准确创作时间,艺术史界一直存在争议。在圣佩拉吉监狱的最初一段时间里,库尔贝没有得到作画的许可,但后来他还是争取到了绘画的权利。在1871年10月25日给他的律师的信中,库尔贝就写道:"我刚刚被允许在自己的牢房里作画,不能出去,没有日光,也没有任何模特。他们的许可毫无用处,因为在这种情形下,我只能画上帝和圣母。"[1]那么根据这幅画的主题来看,应该不太可能是在圣佩拉吉监狱期间所作,也有可能更晚,也就是他回到奥尔南的时期,甚至可能是他流亡瑞士时。现在史学界一般对这幅画的年代判定提出了三种可能性:第一种假设是库尔贝于1872年初被假释,转移到讷伊的杜瓦尔医生诊所之后,在诊所期间创作了这幅画;第二种说法认为是库尔贝在刑满后回到弗朗什-孔代地区期间所作,也就是在1872年夏天至1873年5月这段时日;最后就是玛丽-特蕾兹·德福吉提出的看法,这幅画可能是库尔贝流亡瑞士时的作品。[2]

这幅自画像后来属于库尔贝的妹妹朱丽叶特所有,1882年,朱丽叶特告诉卡斯塔那利,她把这幅画与《西庸城堡》以及雕塑《夏沃的渔夫》一起捐给了奥尔南市。她给奥尔南市长的信中写道:"我将我兄长为我所作的两幅画赠送给奥尔南市,并请奥尔南市接受。"这封信现存于法国国家图书馆。[3]

这幅作品饱含意味,显然与当时库尔贝的实际情形相去甚远,而代表着

---

[1] P. T-D Chu, 1996, Correspondance de Courbet, Paris, Flammarionm 1996, 71-47, p. 397.

[2] Fabrice Masanès, 《Les mémoires d'un communard : Gustave Courbet à Sainte-Pélagie》, Courbet et la Commune, Editions de la Réunion des musées nationaux, Paris, 2000, pp 57-80.

[3] Hélène Toussaint, Gustave Courbet, Paris, Editions des Musées nationaux, 1977.

· 37 ·

画家希望展现给后世的自己的形象。画中的库尔贝显得孤傲而慵懒,因为监狱生活和疾病困扰而形容消瘦,但是又神奇般地拥有年轻时的面容,留着络腮胡子,和头发一样呈黑色。他头上戴着顶与衣服同色的棕色贝雷帽,衣着整洁,脖子上扎着一条鲜明的红色领结,象征他左翼的理想,作为这幅画中公开的政治声明。左手拿着他从不离身的烟斗,右手撑在倚坐的桌子上,背靠墙壁,透过栅栏窗户看向监狱的院子。画面没有流露出任何悲剧色彩,唯一能表现出画家所承受的苦难考验的,就是他若有所思的眼神,饱含了种种经历与思索。而这幅画中的画家着装,既非乔装打扮,也非刻意的手法,主要用来表明画家所在的政治阵营和所持的政治信念。画家的身躯从阴影中向画布右下方柔软地铺展开,制造出摄影中的仰拍效果,而与此对应的,是窗外从俯瞰角度描绘的庭院,没有天空,只有一些修剪过的树木的绿色来进行烘托。

值得推敲的是,根据这一时期的很多证据,画家应该已经年迈多病,头发胡须花白,尤其是当他刚刚逃到瑞士时的照片上已经是满头白发。这幅画却选择了绘制与事实不完全相符的画家形象。这应该是画家有意而为之,因为凭借《圣佩拉吉监狱中的自画像》,画家在中断数年以后又接续了以往的自画像系列,此前的最后一幅绘有画家自己形象的油画作品是 1855 年的《画家的画室》。这幅自画像仿佛通过回到过往来帮助画家面对眼前的厄运,塑造出画家自己的理想的形象,即年轻的艺术家模样。在 1842 年到 1855 年之间,库尔贝曾绘制了 20 来幅自画像(包括油画和素描),在库尔贝早期留存下来的作品中占有重要地位,可见画家很为自己当时的体貌而自豪,并且希望通过这一系列作品,来塑造出自己的公众形象。这并非库尔贝一个人的选择,

第二章 库尔贝与巴黎公社运动

很多年轻画家都经历了同样的过程来寻找自我。

在库尔贝 1849 年的油画《叼烟斗的自画像》（图 7）中，画家以一种对愚蠢而毫无意义的教育感到失望的姿态出现，显得那么满不在乎；而在 1854 年《斜纹衣领的男人像》（图 8）中，则是一个坚持自己原则的人，直到这幅《圣佩拉吉监狱中的自画像》，仿佛经历了人生的三部曲，蜕变一个为自己的理想斗争的人，尽管失败了，却能够通过自己的艺术魔力，来超越一切苦难、甚至生命。人们能感受到这幅画与早期的自画像的延续性，采取了同样的理想化再现苦难的手法，同时也能体会到画家所走过的艰辛历程，并且看到由于疾病的折磨，恢复了瘦削脸庞与身形的昔日画家的形象。不过与画家四五十年代的自画像不同的地方在于，库尔贝不再将自己投射在一个梦想的或是想象中的世界，而是直面苦涩的现实，并且着力于准确地再现现实场景。而且他的目光也避开了观众，投向一个被禁止的他处。

库尔贝以这幅自画像来完成自己的"历史"绘画系列，这幅作品可以说既处在画家个人生命的历史中，也在他的国家的历史和绘画的历史中。《圣佩拉吉监狱中的自画像》在法国绘画史上有着唯一的一个先例就是大卫 1794 年被捕后囚禁在总农场监狱中所作的自画像（现存于卢浮宫博物馆）。两个不同的时代，两种不同的性格，但却表达了艺术家所面临的同样问题，也就是政治行动与被剥夺自由的遭遇。两位画家做出了两种应答，而且两幅画都是画家最后的自画像，分别取自现实的场景，但又给艺术家恢复了年轻时的体貌特征。也许这正表明了一种回归本原、回到绘画上头的迫切需要。52 岁的库尔贝应该是意识到了岁月给他带来的沧桑，他已经不再是过去那个飞扬洒脱的年轻人，巴黎公社运动留给他的是伤逝，希望伤逝，青春伤逝，还有

▲图7

《叼烟斗的自画像》
约1849，布面油画，46×38 cm
蒙彼利埃，法布尔博物馆

第二章 库尔贝与巴黎公社运动

▲图 8

《斜纹衣领的男人像》
1854,布面油画,46×38 cm
蒙彼利埃,法布尔博物馆

他的母亲在远方的家乡伤逝。他已经无法再面向未来，只能转向对过去岁月的缅怀。这是他生命中一段失落、脆弱的时期，同时也是他沉思、重建自我的时期。

而从西方绘画史的角度来看，库尔贝的这幅作品也许还从伦勃朗的一幅著名的版画中汲取了灵感，这是伦勃朗为他的朋友布格梅斯特·扬·希斯（Bourgmestre Jan Six）所作的一幅肖像，扬·希斯背靠窗户坐着，正在读书。不过在版画中，扬·希斯靠在窗檐以利用日光，所以他的脸庞完全笼罩在光线中，而库尔贝在这幅画中却是坐在窗边的桌子上，身在阴影中，只有左半边脸上接收到半明半暗的光线，窗外的景象令人联想到一个温暖的秋日。而库尔贝是在 1871 年 9 月 22 日至同年 12 月底之间被囚于圣佩拉吉的。这种构图上的差异使画家能更好地表现囚禁的主题，因为他将画面用一条清晰的对角线分割开来，这样就将他与外面的世界完全隔离。而从画面人物以外的部分来看，在窗户栅栏外面的风景中，画家没有描绘天空，而只有庭院与围绕庭院的牢房及其窗户。院子里的树木并不高大，染上了秋天的金黄色，而且光线的强烈与画家所在的室内形成鲜明对比，仿佛比日光的照明更强，具有伦勃朗式的色调，从而进一步强调了这幅画所体现的"囚禁"主题。

库尔贝的这幅自画像充满了力量与美感，因为其中没有任何顾影自怜的伤怀情绪，也没有自诩为革命英雄的张扬自得，画家并不期望获得观者的同情，也没有自我感伤。因为他不仅在这些严酷考验中保留了精神自由和自己的原则，更重要的是他获得了哲人般的精神力量。这一次，画家仍然手执烟斗放在嘴边，但与多年前那幅《叼烟斗的人》相比，他已经不再是那个淡漠无谓的年轻人，变得成熟而坚定，能通过自己的艺术来战胜厄运。在作品中，他通过系在白色衣领周围的红领结和画家标志性的贝雷帽来表明了自己在政治与艺术上不可动摇的信念,昭显出自己的尊严与信仰。

《圣佩拉吉监狱中的自画像》深深植根于当时的社会政治现实中,体现出真实的历史性,画家本人也正是在这些年里,成为了一位历史人物。对于库尔贝的自画像系列来说,这幅时隔多年的延续作品代表了画家该系列的一个最高点,同时也赋予了该系列悲剧性意味,人生从青春迈向成熟直至老年,饱经风霜,但也获得了年轻时没有的经验与哲思。

作为当时美术界的领军人物,作为革命时期卢浮宫和其他法国文化遗产的有力保护者,库尔贝为自己绘制出这样一幅典型的肖像,留给后世人不朽的革命画家形象,满含苦涩,但又十分平静地完成了一部真正的个人史诗,同时也是一部为自己所处时代的艺术而斗争、为自己的理想参与到历史洪流中的艺术家史诗。

除了《圣佩拉吉监狱中的自画像》,库尔贝留下的另一件也许与巴黎公社的尾声和遭到镇压的历史事件有关的作品,是卢浮宫博物馆保存的一个炭笔画小册子,其中有 7 幅画用极富表现力的黑色再现了巴黎公社运动的失败和画家历次被囚的监狱场景,可以说是画家笔下最动人心弦的公社运动的证据。但是这个速写本的创作年月还没有得到确定,这些素描是即时创作还是后来凭借记忆再绘制的?这个问题目前艺术史界还没有答案。

库尔贝在其中的一幅画中表现了自己的形象,该画被命名为《库尔贝在圣佩拉吉监狱的牢房里》(图 9)(16×27cm),画家毫不掩饰地描摹出监狱中的悲惨景象。这幅炭笔画中,画家的装束不像在油画《圣佩拉吉监狱中的自画像》中那样华美,他背对着观者沉思,坐在一条木凳上,头发和胡子乱

法国画家 **库尔贝** 晚年的生活与创作

▲图9

《库尔贝在圣佩拉吉监狱的牢房里》
年代不明,素描,16×27 cm
巴黎,卢浮宫博物馆

第二章 库尔贝与巴黎公社运动

蓬蓬的，衬衣袖子被卷起来，嘴里叼着那只从不离身的烟斗。库尔贝用寥寥数笔就展现出囚室内十分简陋的条件。此画通常被认为是库尔贝在巴黎裁判所的附属监狱或是圣佩拉吉监狱所作。但他衣服很轻薄，应该是夏天的穿着，所以更可能是在巴黎裁判所的附属监狱或玛扎斯监狱。通过粗涩的线条、简洁的几何图形与人体的圆弧和模糊的轮廓之间的对比，画家表现了狱中生活的艰苦。他面对关闭的牢门，头部向前方微微低下，显示出一种屈从的姿势。而身体的线条则如同烟雾一样渐渐迷蒙。

另一幅名为《凡尔赛大马厩中的巴黎公社战士》（图10）（16×27cm），和画家自画像一样，在监狱的阴森景象与热烈而富有节奏感的线条之间，充满了戏剧性的张力。从气窗栏杆间透过来的大片光亮似乎象征着微薄的希望，而光亮之下的阴影中则堆积着大量的人体，戈雅式的遇难群像。但是画家后来并没有再利用画册里的这些速写来创作更大幅的油画。

库尔贝之所以进入这样一段艺术上的沉寂期，主要原因在于当时的事件进展极为迅速，他从1870年9月到巴黎公社结束这段时间里，一直忙于官方事务。而从1871年6月至11月，这几个月里画家刚刚被囚禁起来，也没法获得任何作画的物质材料。而且，当时大部分卷入到公社运动中的画家在这段时间里实际上都鲜有表现巴黎公社事件的作品问世。对画家们来说，这样的绘画令他们感到为难，包括马奈在内，他原本计划创作一幅关于公社的大幅历史绘画，最终却放弃了，因为他也体会到这将会困难重重，这一事件本身在当时仍是倍受争议的。

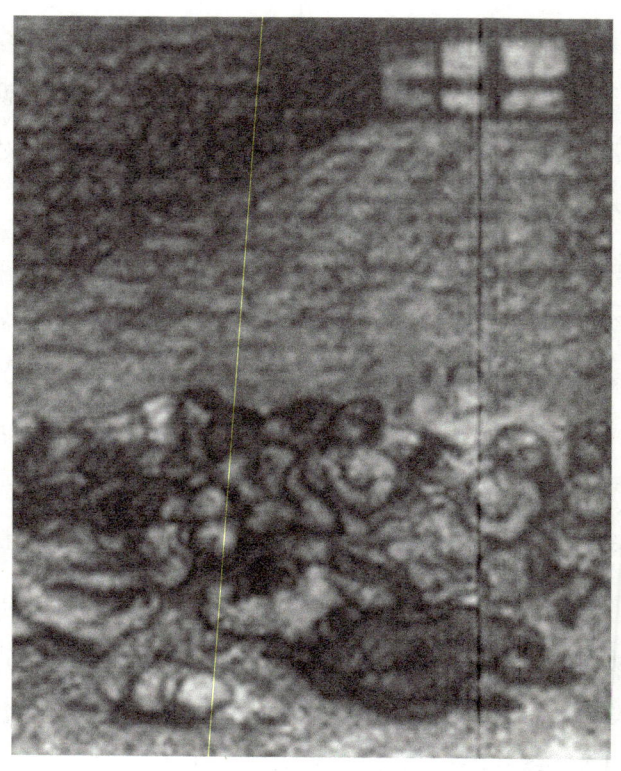

▲图 10

《凡尔赛大马厩中的巴黎公社战士》
年代不明,素描,16×27 cm
巴黎,卢浮宫博物馆

第二章 库尔贝与巴黎公社运动

二、囚禁时期的绘画

在这种艺术上的静默和表面上的中立的背后,库尔贝还是对巴黎公社做出了艺术上的回应,其最主要的作品当数那些打破绘画沉寂的一系列静物画,并且通过这个系列的作品反映和证明了他在 1870 到 1871 年之间所遭受的痛苦与坎坷。他在圣佩拉吉监狱中一度被禁止绘画,尽管后来得到了许可,但作画的物质材料仍极为匮乏。直到他的囚徒生涯的后期,也就是当他转移到讷伊的杜瓦尔医生诊所后,直至他回到家乡弗朗什－孔代地区之前,他的创作才开始丰富起来,也变得更有雄心。

最早研究库尔贝的艺术史家将他这一时期的作品称为"囚禁时期的绘画",曾为库尔贝治过病的夏尔·布隆东(Charles Blondon)医生(1825–1906)就曾列出库尔贝《库尔贝被囚期间的绘画清单》(其手稿现存于贝桑松的市立图书馆)。而这个时期的作品上,往往能见到库尔贝的两种常见做法,一是把作品的时间标为 1871 年,而作品的实际创作年代应该是 1871 年之后;再就是在很多作品上用红色字母写上圣佩拉吉几个字,表明是在狱中所作。回溯到监狱生活的时间和地点,这表达了画家对当时的经历无法释怀无法遗忘,也许这些做法中并不排除库尔贝的商业操作企图,但更多的或许是他希望能借此来驱走这一囚禁片断在人生中的阴影,以期望人生和艺术生涯中再也不要回到这样一个进退维谷的时期。

虽然库尔贝很少涉足静物画这个类别,但他实际上对此颇为擅长。在早期的很多重要作品中他都曾经画过一些静物。这些静物起到了装饰作用,同时也是对所表现画面的一种评论,在整个构图中,可谓精彩细节。例如在《波德莱尔的肖像》中的书桌上,人们能看到作家的一套文房用品:带吸墨纸的垫板、墨水瓶、羽毛笔、书籍。还有《奥尔南的晚餐后时光》中的白色桌布和残羹剩菜。在《狩猎后》这幅画中,也有对成堆的被猎杀的动物的描绘,再加上《睡眠》中醒目的镶宝石玻璃瓶和玻璃杯,透明的水罐,闪耀的项链和花瓶等。由此可见画家在静物绘制上也发挥了自己的卓越技巧。然而,库尔贝这位画家的特殊之处在于,他并不曾为创作静物画而创作,除非他无法画其他东西,当然他一生中的确曾有过两次专门画静物画的例外情况。但总体上来看,库尔贝本身并不像荷兰画派那样对资产阶级私密生活中的物品符号感兴趣,这些静物是一些能给画作布局起补充作用的饱含意义的零件,同时也更突出了画作的现实主义特点。

而关于库尔贝两次专门致力于静物画的例外,第一次是在1862至1863年期间在圣董日画的"花朵系列",大约有20来幅作品。当时画家受到一位名叫埃蒂安·博德里(Etienne Baudry)的收藏家和艺术赞助者的邀请,与朋友卡斯塔那利一同前往该地区。在此地逗留期间,画家拥有一间属于自己的画室,先是画了一些裸体女子和风景画。而圣董日的美好风光也给画家带来灵感,继而创作出一系列的花束来,往往花朵繁盛,画面欢快,构图也很灵巧。此前他也有过少量此类花朵画,其中著名的有他在1859年送给波德莱尔的《紫菀花束》。圣董日当地人酷爱花草,博德里本人就喜爱园艺,库尔贝在此也接受了几幅寓意花朵画的订制。

对于库尔贝来说,这里的花种类繁多,即使在温室中也不是同时开放,他也许是希望能赋予这些花一种与花语有关的象征意义,这就使得这个系列

第二章 库尔贝与巴黎公社运动

的画作有着寓意的一面。[1]因此,库尔贝在19世纪60年代的静物画复兴运动中也占有自己的一席之地,当时这场运动把静物画看作是一种"纯粹绘画"的表达。[2]他通过巧妙的构图来展示这些怒放的花朵,这其中融合了那不勒斯的巴洛克艺术和荷兰绘画的传统。[3]库尔贝笔下的鲜花所展现出来的优雅与诱惑,也体现了第二帝国时期所特有的这种对装饰艺术的感性,却又不像其他同时代静物画那样精雕细琢、光彩夺目或是过于华丽,反而带来一股清新之风。对于画家本人来说,这只是一种短暂的兴趣,他对这类静物绘画并没有表现出极大的喜好,因此他一回到巴黎就停止了这种类型的创作。

而库尔贝生平创作静物画的另一个时期则是当他被囚禁于圣佩拉吉监狱之时以及其后的一段时间里,他创作了一些放在地面上或堆在桌上的成熟的大水果画。相比他在六十年代创作的静物画,这些水果分明不再像那些花朵一样富有优雅的魅力,而是脱去了一切装饰性元素,显得十分朴素,但这些作品如此充满活力,如同大自然的诗篇一般,赋予了画家一种自由的力量,尽管这种自由在他身上是被剥夺的。

那么,库尔贝为什么会在这个特殊时期选择了静物画作为创作主题呢?这是画家刻意的选择还是偶然的现象?首先,在库尔贝于1871年7月中旬写给一位名叫巴什兰(Bachelin)的瑞士画家的一封书信中,他提供了此时进行创作的一些背景情况,在信中他这样写道:"您跟我谈起绘画和诗歌。哎呀,

---

[1] H. Toussaint 在 1977—1978 年的库尔贝展中所提出的观点,参见该展览图录的第 160 页。

[2] 有关 19 世纪 60 年代的静物画,可以参考展览《印象派——1839—1869 溯源》的图录中"静物画"这一章(第 149—181 页),巴黎,RMN,1994—1995。Henri Loyrette, « La nature morte ». Impressionnisme. Les origines 1859—1869, catalogue exposition, Paris, RMN, 1994, pp. 149—181.

[3] Chareles Sterling, La Nature morte de l'Antiquité au xxe siècle, Paris, Macula, 1985, p. 90.

这些都已经离我十分遥远，我都不记得自己还曾是个画家了。再见了大海，再见了广阔的天空……"[1] 10 月初，还在圣佩拉吉的画家告诉朋友卡斯塔那利监狱不允许他作画。直到 10 月 25 日，他才告诉自己的律师他获得了在自己的牢房内作画的许可，但是不能出去，也没有模特。画家的妹妹左埃和朋友们在探视他的时候，给他带来了鲜花和水果，并且鼓励他以此为模特作画，哪怕只能在自己的牢房里，也可以作为一种消遣。水果静物系列的诞生正是基于两个客观原因，一是画家在牢狱之中物资上极度匮乏，再者就是其创作自由受到很大的局限。除了水果之外，库尔贝还绘制了少量几幅花束图。在狱中的这段时日里，静物画成为"他重新创造自己的绘画艺术的新土壤，这只是第一块石头，他想要在上面重建他的艺术。"[2] 再者，库尔贝的绘画中一直有着乡土的一面，所以他才会选择了水果这样朴素的主题，他笔下的水果与花朵仿佛散发着田野的清香，同时也反映了他当时的精神状态。

在左埃写给布吕亚的信件中（其手稿现保存于杜塞图书馆），告知了后者库尔贝在 1872 年 1 月、2 月和 5 月的情况，其中反复出现了以下内容："居斯塔夫在画一些花和水果……""居斯塔夫沉迷于绘制水果……""居斯塔夫画了大量水果……"[3]

最早的这些水果静物是在圣佩拉吉监狱里创作的，由于狱中条件艰苦，起初作品的尺寸都很小，画面很朴素，一般只有两三个水果，通常是苹果、梨或葡萄串，几乎没有什么装饰物，有时甚至是画在一些粗糙的载体上，库

---

[1] P. T-D Chu, 1996, Correspondance de Courbet, Paris, Flammarionm 1996, 71-29, p. 382.

[2] Laurence des Cars,《Le silence de la peinture》, Courbet et la Commune, Editions de la Réunion des musées nationaux, Paris, 2000, pp 28-55.

[3] Hélène Toussaint, Gustave Courbet, Paris, Editions des Musées nationaux, 1977.

尔贝还曾使用牢房门上的小木板或是一些微型的布面来作画。1872年初,库尔贝终于离开了监狱,获准到位于讷伊的杜瓦尔医生的诊所接受治疗,同时,他写信告诉他的画家朋友欧仁·布丹(Eugène Boudin),"我正在画一些水果。"[1]画家被转移到杜瓦尔医生诊所后,生活相对舒适很多,作品的构图也益见技巧,有了风景或室内场景作为背景,最优美的静物作品往往都是出自这段时间,只不过库尔贝自己把作品年代都标成了1871年,使得准确创作时间的判定问题显得比较棘手。此后,库尔贝的静物绘画在他创作3幅鳟鱼图时达到了最高峰。

库尔贝选择静物画的另一个原因也许与当时的艺术和文化背景有关,绘画界正在探索静物画所带来的艺术问题,评论界对于这个体裁兴趣正浓,因为它和风景画一样,逐渐成为一种高雅体裁,从而打破了过去的绘画体裁的等级划分。从1863年的沙龙展开始,学院机构就把静物画视为商业性绘画,只有那些缺钱的小画师才会以此为题材。然而十余年来,很多秉承新美学观的画家就开始大量投入精力进行静物画的创作,就在库尔贝创作这个系列的同时,塞尚(Cézanne)和毕沙罗正在通过静物画发展起一种新的美学。从马奈到巴齐尔(Bazille)、雷诺阿(Renoir)、莫奈和方丹-拉图尔,静物画完全成为了绘画语言革新的一个部分。[2]

对库尔贝而言,静物画是种较为中性的绘画体裁,他可以借此来重新组织自己的世界,逐渐找回对绘画的兴趣。静物画的绘制不仅是对画家绘画技

---

[1] P. T-D Chu, 1996, Correspondance de Courbet, Paris, Flammarionm 1996, 72-1, p. 399.

[2] Henri Loyrette, « La nature morte ». Impressionnisme. Les origines 1859-1869, catalogue exposition, Paris, RMN, 1994, pp. 149-181.

巧的挑战,也是一种他对体制的挑战。我们能看到他的画作尺寸越来越大,画上的水果也越来越多,有时候甚至似乎挤满了画面。有时候盘子甚至太小了,没法装下所有的水果,苹果滚到了桌子上。画中的装饰物越来越复杂,有的画中是一幅帷幔,有的画中是一扇打开的窗户,窗外有风景。人们发现画家的画笔似乎兴奋起来。也许是库尔贝突然间找回了自己的激情和全部的自由。水果似乎不再被一只手人为地摆放在某个平面上,而是随意地散落在地上、树下,成为了风景。这些画的构图意味着一个生动的空间,给予画家极大的自由,这种自由恰好是对监狱所剥夺的自由的回应。温暖的色彩和光线的反射,以及画面前景中这些熟透的苹果和梨的肉感,这些似乎都体现了库尔贝最纯粹最朴实的绘画风格,引发观者的强烈共鸣,体会到画家饱受痛苦、失去一切的命运,尽管他失去了自己的名誉、健康、工作室和金钱,但他仍然在自己身上感受到那种将他不断牵引向自己的画架的活力。他就像苹果树生产苹果一样进行创作,最终以苹果的形式赋予自己的绘画生命力和真正的存在感。

  1872年3月初,库尔贝刚刚刑满,决定继续在杜瓦尔医生那里住一段时间,他给妹妹朱丽叶特的信中写道:"我的画卖得很好,我必须利用这一点来弥补我所遭受的灾难。但是还没到去乡下的季节,也不能去弗拉热(Flagey)、蓬塔利埃(Pontarlier)或瑞士。我还不能在大自然里作画。在这里,我想到了画一些奇怪的水果作品,这些画还挺成功的。妹妹佐埃(Zoé)给我买了苹果、梨和葡萄,这些在圣佩拉吉就已经派上了用场。"[1]

  库尔贝在杜瓦尔医生诊所治病这段时间内的静物画,在调子上显得更为

---

  [1] P. T-D Chu, 1996, Correspondance de Courbet, Paris, Flammarionm 1996, 72-4, p. 403.

乐观，形式上也更有抱负。其中有些作品通过对背景的强调，表现了画家通过用丰富和感性的色彩回归到常态中。

这个系列的静物画主要呈现出两大类的布局：一种是在水平方向上的铺展，用成组的水果与单个水果所表达的充实与空白来活跃画面，这种布局的画作往往展现的是外景中的水果；另一类就是更为密集的呈现，通常将水果放置在室内的大浅盘里或是果筐中。当然，这两个原则并不妨碍画家把它们结合在一起来进行创作，或是采取他偏爱的紧凑取景框。从情感上来看，这些作品有时表现得极为形式主义，有时则是一种无声的哀伤，或者是回归浪漫主义的一些手法，这个系列仿佛随着画家的情绪波动而变化，折射了画家的内心世界，混合了个人经历与政治经验。这些水果的强大生命力还通过其非同寻常的尺寸表现出来，库尔贝笔下的水果比日常生活中的要大，这是画家对大自然的赞美，但这并不意味着他忘记了生命的脆弱和时间的无情流逝，所以水果上往往有着斑点或磕碰的伤疤，有的已经开始腐烂。库尔贝的这种做法，实际上还是暗示了巴黎公社运动给他带来的伤痕，以及他对生命的思考，水果表达的仍旧是画家自身的历史，以及对刚刚经历的这场运动的影射。

然而，库尔贝本人把这些水果静物画的创作时期都标为圣佩拉吉，一方面是为了不断提醒人们他所遭遇到残酷的不公正待遇，来为自己的被囚鸣冤。同时也许是因为他意识到了一点，即提及监狱生涯会给他的作品增加一些感情分，尤其是在买画者眼中，这样能给他带来更大的商业利润。这种做法导致这些画的真正创作日期实际上很难确认。所以这个系列被视为一个不可分割的整体，打上了监狱的深刻烙印，但对于这位沉醉于大自然和户外的画家来说，也许它只不过是对监狱的回忆。

以树下的红苹果为题材的同类作品比较多，现存于阿姆斯特丹博物馆、慕尼黑巴伐利亚国家绘画博物馆和汉堡博物馆等地。

在慕尼黑的这一幅《树下的红苹果》（图11）中，取景框显得非常的狭窄，水果在地上堆放得很密集，在这堆红苹果的右边，是一只梨。秋天的气氛通过各种红色调表现出来，这在库尔贝的用色色调上，过去是比较罕见的。《圣佩拉吉监狱中的自画像》中，库尔贝系的也是条红色领巾。因此，这些沉甸甸的静止的苹果，正是通过用红色调来象征战斗的火焰以及为事业做出的牺牲，让人联想到鲜血。这幅画究竟意味着生命的复活还是死亡的痕迹？这一系列的静物画都被画家标为1871年的作品，并且打上了圣佩拉吉的标记，也许正表现出这段时期画家经历了无声而屈辱的痛苦。仔细观察的话，这些水果似乎都有些腐烂，整个画面都流露着衰败的气息。树下的红苹果这种构图方式，还能让人联想起《受伤的人》这幅画的构图。比方说，掉落的苹果堆放在地上，画面朝右侧开放，以及朝左侧倾斜的金字塔结构。

尽管这幅画尺寸很小，库尔贝还是用蓝色、灰色、白色精心绘制了多云的天空部分，其中又充满了些许细微的变化。天空呈现出颗粒状的质感，与水果的光滑形成鲜明的对比。天空的蓝色被云带的白色所压制，而云带又恰好是树枝的水平延伸。前景中的落叶，更强调出朝画面下方的坠落感，表现了土地的强大吸引力和控制力。

海牙的这一幅《树下的红苹果》（图12）在众多同类题材的作品中，因其尺寸和质量而显得尤为重要。该作品笔法十分严谨，色调鲜明，构图考究，在静物画中可谓杰作。画中的十几个水果躺在一棵修剪过的大树下，所处的环境如同一个谜。作为背景的风景对静物画来说是很不寻常的，既给苹果提

第二章　库尔贝与巴黎公社运动

▲图 11
《树下的红苹果》
1871-1872，布面油画，50.5×61.5 cm
慕尼黑，巴伐利亚国家绘画博物馆

▲图 12

《树下的红苹果》
1871-1872,布面油画,59×73cm
海牙,梅斯达格博物馆

供了一个自然的环境,但其模糊的空间和大笔擦过的柔和色调,又使这些色彩丰富的水果似乎被推向了画布的表面。此外,在这幅画上,我们能清晰地看到画家采用了一种略显不同的技巧,即用一个淡淡的黑圈来确定水果的形状。在这个时期以前,库尔贝从未采用过这种方法,所以对他本人来说也是个新尝试。这就使人们猜想,库尔贝在这方面是否受到了马奈、莫奈或是塞尚等人的影响。

1872年,库尔贝还把一幅《树下的红苹果》和《慕尼黑贵妇》送去沙龙展,希望能借此以公开的轰动方式重回绘画界,但是这两幅画却被这一年的沙龙评委团拒绝,原因可能在于标有圣佩拉吉字样的《树下的红苹果》的隐喻意味,红色象征着革命的颜色。幸好收藏家兼画商杜朗-吕埃尔在自己的画廊里展出库尔贝的30来幅作品,其中就有《树下的红苹果》。值得一提的是,这位收藏家为绘画新流派的出现做出了很大贡献,他在1869年创办了《艺术与珍玩国际杂志》,1871年又在伦敦发现了莫奈和毕沙罗,并且购买了大量马奈的作品,使马奈获得了正式的认可。在库尔贝遭受挫折的这段时期,杜朗-吕埃尔一直支持他,大量购买他的作品。

当库尔贝重新开始绘画时,他是在为自己、为自己的亲朋好友而作,但很快他就开始接受一些订制,恢复到以绘画为生的画家生活常态。在里亚和布隆东所列出的《库尔贝被囚期间的绘画清单》手稿中,就把他当时的这些作品去向分为几类,一类是作为礼物赠送给亲密友人,如欧仁·布丹,另一类是与画商杜朗-吕埃尔的交易,还有就是他接受的订制[1]。甚至可以说,

---

[1] Laurence des Cars, « Le silence de la peinture », Gustave Courbet et la Commune, Catalogue de l'exposition, Editions de la Réunion des musées nationaux, Paris, 2000, p. 32.

从 1872 年起,这些所谓的被囚期间的绘画,就已经形成了一个真正的市场。库尔贝在 1872 年和 1873 年给亲友的信中曾屡次提到过他的画卖得很好,从商业上来看获得了很大的成功。在 1873 年给卡斯塔那利的信中他就说到自己接到的订制画都画不完,必须找些学生来帮忙才能满足这些需求。

第二章 库尔贝与巴黎公社运动

第三节 出狱之后到逃亡瑞士之前的创作

当库尔贝在狱中重拾画笔后,他又回到了对大自然的诗意和美感的赞颂上头,因此他创作了一系列令人印象深刻的静物画,以及凭记忆所作的少数几幅风景画,表现奥尔南周边风光或是海边风景。库尔贝熟练掌握了凭记忆来作画的技巧,对在户外自然光中作画并不是那么热衷。出狱后,从1872年夏天起,库尔贝又开始了这类型风景画的创作,因为这类的图像主题是画家在过去十多年中十分擅长的,呈现出了画家创作上的一种连续性。当然这其中也有着商业上的原因,因为他的海景画曾经给他带来了极大的名望和收益,他没有必要另辟蹊径去冒险。相比之下,库尔贝同时期的静物画显得更为独特,更能表现画家在巴黎公社后的这种内省。这些作品中体现出他迫切的绘画需求和丰富的情感内涵,尤其是那种兴奋又沮丧的心情,如同一幅幅肖像,生动地展现了画家当时的生活和思想状态。

狱中生活带给库尔贝的不仅是精神和肉体上的折磨,还有种种疾病,他的肝部变得肥大,还患上了风湿病。库尔贝并没有向命运屈服,不甘于被世界遗忘,时刻准备着通过辛勤的工作重新回到艺术界。出狱后,他在1872年的夏天前往弗朗什-孔代地区的梅西耶(Maisières),在那里受到了朋友奥尔蒂奈尔(Ordinaire)一家的热情接待,并且在这里又拾起了画笔。但是这段时间他仍然感到心力交瘁。在他住在梅西耶的这段时间里,很多年轻画家慕名而来拜访他，其中有一些后来一直追随他，例如拉潘、科尔努、帕塔（Pata）、马塞尔·奥尔蒂奈尔，后来库尔贝与他们一起成立了一个绘画筹备工作室，实际上是为了应付市场需求的一个大作坊。这一时期，库尔贝最著名的作品就是三幅静物画鳟鱼，虽然这些作品源自他在奥尔蒂奈尔家的一段快乐回忆，但和水果静物一样，鳟鱼的尺寸相比背景来说也是超乎寻常的大，而上钩的鱼却是在进行着垂死挣扎，或是奄奄一息。这样的寓意与水果静物并无差别，都是画家的个人写照，也是他与残酷的人生斗争的武器。

1872年，库尔贝在给弗朗什-孔代的一家报刊编辑夏尔·博吉埃（Charles Beauquier）的信中，采用了一个很形象的比喻。他说："人所承载的不幸是那么沉重、强大、难以战胜；令人们智慧蒙尘的阴暗需要很长时间才能消散。……那么些徒劳的努力、无用功、白白流淌的汗水、叹息和许愿、跪下祈祷、灵魂中的忧伤，在人类争取自己解放的动荡征途中，那么多死者的泪水和碎片！我们就像一条落入网中的鱼，被困在所生活的社会里，不管从哪个方向转身，都会遇到网眼。"[1]这时候，库尔贝已经回到故乡汝拉山区，住在朋友奥尔蒂奈尔的家里。奥尔蒂奈尔的儿子从鲁河中捕到了几条大鳟鱼，库尔贝便画了这些静物画，在他1872年7月从梅西耶写给两个妹妹的信中就提到了这些鳟鱼画。

鱼常常作为静物画中的元素存在，早在17世纪就已经出现在德国、西班牙的画作中，18世纪的法国画家夏尔丹的作品中也曾有过鱼。选择这个题材往往是对画家技巧的一个挑战，因为画笔下需要表现出鱼皮微妙的银色，其

---

[1] P. T-D Chu, 1996, Correspondance de Courbet, Paris, Flammarionm 1996, 72-11, p. 410.

光泽闪亮的部分和不透明的部分,从鳞片的质感到光滑的质感等。库尔贝肯定很熟悉以鱼为题材的一些先例,但他笔下的这几幅垂死挣扎的鳟鱼,却有着前人笔下所不具有的悲剧性和强度,超越了纯审美和写实的表达。生死之间的紧张一刻以及濒死的骇人和震撼感在库尔贝这里得到了最精练、直接和尖锐的表现。

现在保存下来的已知的鳟鱼一共有三幅,有一幅题为《鳟鱼》(图13),是尺寸为 65×99cm 的布面油画,画面右下方有年代和题名为"73 G. 库尔贝",现在被巴黎奥塞博物馆收藏,还有一幅名为《鲁河的三条鳟鱼》(图14)的布面油画,尺寸为 116×87cm,画面左下方有年代和题名为"73 G. 库尔贝",现保存在伯尔尼的艺术博物馆。因此对于这两幅画,库尔贝标上的年代与实际创作的年代并不一定吻合。

而保存在苏黎世美术馆的这幅《鳟鱼》(图15)也很有意思,画面左下方用红色标示的年份是 71,其下有库尔贝的签名,以及一句拉丁文题词"在镣铐中所作"。早先库尔贝就已经有过类似的做法,例如把后来的一些水果静物画的年代标为 1871 或是标上圣佩拉吉的字样,所以根据库尔贝这段时间的经历和他自己在书信中的叙述,这一幅现藏于苏黎世的鳟鱼画应该是与另两幅属于同一时期同一个系列的作品。采取了对角线构图,画面空间极为紧凑压抑,幅面很小,绘画空间随之遭到很大压缩,但并不妨碍这幅画的具体表现:背景的岩石和天空都呈现出令人不安的深色。被捕获的鳟鱼尚未死去,左上方的鱼嘴被鱼钩和鱼线挂住,鱼眼睛呆滞而扩张,大张着嘴,鲜血从鱼鳃渗出来。肿大的鱼身上带着点点棕色的鱼鳞,闪耀着银色的光泽,背景的夜色则是渐近渐深的一片灰寂。库尔贝使用了浓重的颜料,大量用调色刀进

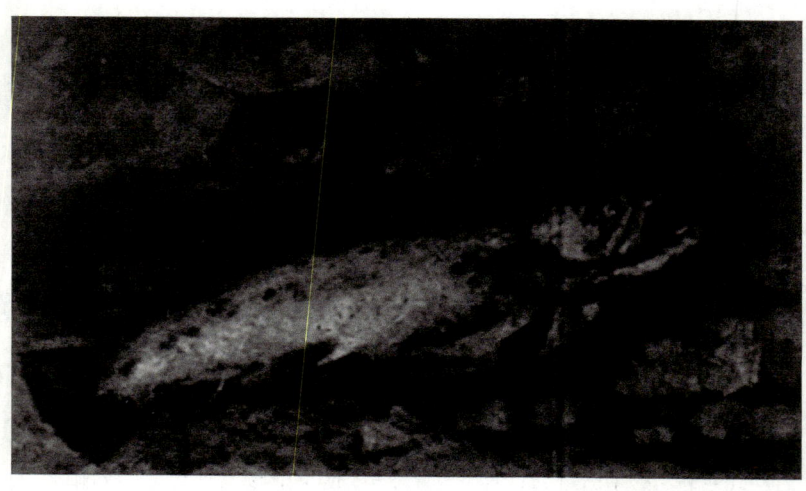

▲图 13

《鳟鱼》
画面右下方有年代和题名为"73 G. 库尔贝",布面油画,65×99 cm
巴黎,奥塞博物馆

第二章　库尔贝与巴黎公社运动

▲图 14

《鲁河的三条鳟鱼》
画面左下方有年代和题名为"73 G. 库尔贝"，布面油画，116×87 cm
伯尔尼，艺术博物馆

▲图 15

《鳟鱼》
1871,布面油画,55×89 cm
苏黎世,苏黎世美术馆

第二章 库尔贝与巴黎公社运动

行涂抹,更强化了有限的色系,使其中呈现出丰富而细微的变化:红棕色、黄褐色、泛银色的米黄色,最动人心魄的是鱼鳃和鱼嘴的血红色。鳟鱼的身体充满张力,展现在人们眼前的是一种令人窒息的现实感。使用调色刀进行绘画的技巧是库尔贝个人的偏好,这种厚涂的技法不需要往颜料中添加辅佐剂,使画家能迅速有力地在画布上覆以颜色,同时带来一种浓烈的光泽感。

如果我们把这幅画与伯尔尼的那一幅三条鳟鱼的画进行比较,就会发现画家在两幅作品中采取的处理手法有很大差异。这幅画中笔触更为迅速而且粗糙不平,对这样一幕户外的场景来说,产生了一种鲜明的明暗对比的效果。看到这三幅作品,人们往往会赞叹库尔贝不断创新的天赋。每一幅鳟鱼都很有力量,显示出完全不同的绘画技巧,风格和构思上也大相径庭。《鲁河的三条鳟鱼》中,颜料很浓厚,画家还在已干的颜色上涂上了透明的淡色,鱼身的大团黑色在一片宁静的明亮风景中闪烁着光芒。而巴黎私人收藏中那条鳟鱼则与苏黎世的那一幅相似,只不过鳟鱼放置的方向相反,而且所处的风景也略有不同。

垂死的鳟鱼在这里是一个悲壮的比喻,恰恰象征了画家在这段政治受挫时期饱受病痛和精神折磨的形象。画面尤其是色彩饱含寓意,透露出强烈的死亡气息,上钩的鳟鱼正在逐渐死去。结合画家的个人际遇,观者也许不会询问这幅画是否表达了死亡本身的含义,而更多的是对死亡漫长而痛苦的过程的感受。库尔贝在经历了巴黎公社之后,在疾病中挣扎了 6 年才去世,鳟鱼也是画家本人命运的预示或者说写照。所以说,库尔贝后期的这些静物画即是他间接的自画像。

鳟鱼这个系列继承了库尔贝以往的狩猎题材作品,尤其是在《鲁河的三条鳟鱼》中的鳟鱼如同捕获的猎物一样被悬挂在树上，任由他人处置。生活就像不断地狩猎，或者成为猎人，或者成为他人的猎物，人们为了获取猎物血肉相搏，这也许正是库尔贝试图在画作中表达的有关苦难的一部自然史。

20世纪的评论家们对"鳟鱼系列"也各自有自己的看法。夏尔·斯特凌（Charles Sterling）写道："这条大鱼仿佛卧在史前时代最纯净的水中，身体仿若岩石铸成，用自己全部的重量来对抗那股要将它从自己生活之处抽离出来的潜藏力量。"[1]安德雷·费尔米吉埃则强调了鳟鱼如同画家个人的自传："他（指库尔贝）讲述的是自己的不幸，就像在那些描绘受伤的动物的画作中一样，这是他最后一次提及天资的高超，以及天真的人所遭遇的野蛮命运。"以研究库尔贝著称的艺术史家琳达·诺克林在这个系列中看到的是一种对真实所具有的感情的精华，因为鳟鱼不会让人联想到高贵的思想，而是让人想到捕鱼和吃鱼，她还认为库尔贝"在一个最小的框架内集中了最多的具体观察"，在作品中人们看到的是死亡"最浓缩、最平凡但也最令人心碎的形式，即对于死亡的感受本身，而不是死亡的意义"。[2]

---

[1] Chareles Sterling, La Nature morte de l'Antiquité au xxe siècle, Paris, Macula, 1985, p. 90.

[2] 上述费尔米吉埃和诺克林的评论均参考 Pierre Georgel, Courbet-Le poème de la nautre, Paris, Gallimard/RMN, 1995, p. 119。

第三章 流亡瑞士期间的生活与绘画创作

第一节 流亡起因

巴黎公社带给库尔贝的不仅是屈辱和困扰,也使得库尔贝的画作热卖,他在1872至1873年间写给朋友和家人的信中就曾多次幽默地提到巴黎公社使他的作品身价大涨,定单接踵而来,令他应接不暇,对收藏者和画商的这种热情,库尔贝感到十分喜悦。

1873年的沙龙展评委团拒绝接受库尔贝送展的作品,同时,库尔贝送去参加维也纳万国博览会法国馆展览的作品也遭到排斥。因此,在画商杜朗－吕埃尔的鼓动下,库尔贝决定把作品送去参加维也纳俱乐部展,作为与万国博览会的对峙。

1873年1月,众议院又提出由库尔贝承担重建纪念柱的费用,对库尔贝来说将是极大的经济负担。尽管这时候他大量出售自己的画作,并且接受来自四面八方的订制,仍然感到极大的压力。在等待诉讼案合议的过程中,财政部下令暂时收管库尔贝所有的财产。对库尔贝的迫害仍在继续并不断扩大。

所以在这个时候,库尔贝选择把画作送到维也纳俱乐部和伦敦的万国博览会参展,其目的主要是为了使这些作品免予被国家扣押的命运。而且在经历了巴黎公社之后，他在瑞士、德国、英国和奥地利等国声望更高，产生了此后不再在法国举办自己的展览，只去外国展览的念头。库尔贝写信给卡斯塔那利和杜朗－吕埃尔，列出了他希望送去参加展览的作品名单，而且在给卡斯塔那利的信中，还不无幽默地委托他："那么我请您和他（杜朗－吕埃尔）一起挑选画作。你们二位和我一样的了解，什么样的画适合这两个国家。厚重的、严肃的画送去维也纳，讨人喜欢的送去伦敦……"[1]

尽管举办一场大型展览的前景令库尔贝感到振奋，但5月24日，麦克马洪成为共和国总统，意味着拿破仑党人和保王党人重回政治舞台。这对库尔贝来说是个坏消息，因为旺多姆广场纪念柱事件的阴影日益深重地笼罩在他头上。5月30日，一项关于由库尔贝承担重建旺多姆纪念柱以及柱顶拿破仑雕像费用的法令投票通过，库尔贝成为了国家的债务人。6月19日，他的所有个人财产被扣押，随后他保存在其他人和机构的财产也没能幸免。例如杜朗－吕埃尔此前不久刚刚购买的库尔贝的画作也被扣押，这让画家更是焦虑重重。

根据裁决，库尔贝如果拒不支付罚金的话，将被判处5年监禁或是30年的流放。1873年7月，库尔贝不得不决定离开法国逃往瑞士。瑞士对于他来说并不是一个陌生的国度，他在1853年第一次到瑞士，前往伯尔尼和弗里堡看望一些流亡的法国朋友。后来又在1855、1856和1869年几次前往瑞士，留下了一些素描册和画作为证。他的逃亡一举或许也是联想到了另一位著名的流亡者，即法国荣誉的象征——作家雨果（Hugo）。巴黎公社刚成立时两人曾有过握手的一面之交。去瑞士之前，库尔贝给杜省的省长写了一封信："在这两年的战争和革命期间，我无私地投入到艺术品的保护当中。这些艺术品

---

[1] P. T-D Chu, Correspondance de Courbet, Paris, Flammarion, 1996, 73-18, p. 432.

第三章 流亡瑞士期间的生活与绘画创作

教会了我很多东西，但是同时也让我失去了我通过一生的工作获得的少的可怜的东西。在混乱中，人们还盗走了我一些价值不菲的画作……你们下令扣押所有属于我或被认为属于我的财物，让我陷入一种特殊的处境中，这种处境如此黑暗，我不得不请您向我说明这一切。……我认为至少在宣判之前，我是有权利生活的，哪怕案件的审理会持续很长的时间，然而，如果不让我继续绘画的话，我是无法继续生活的。所以请您告诉我是否能允许我继续作画并且在法国和国外继续出售我的画作；或者说我就是一个奴隶，从今天开始，被判处为主人服务——这个主人就是法国，您不正是以它的名义来将我当成工具使用吗？"[1]

1873年7月23日，诉讼案审理的前一天，库尔贝的朋友莉迪·若利克莱尔和奥尔蒂奈尔秘密帮助他逃亡到了瑞士。越过国境后，库尔贝如同抵达天堂，先后在几座小城停留，于1873年的10月来到莱芒湖边的拉图尔德佩兹居住下来，这里泉水流淌，风景优美，成为画家生前居住的最后一个地方。

---

[1] P. T-D Chu, Correspondance de Courbet, Paris, Flammarion, 1996, 73-36, p. 445.

第二节 在瑞士的生活境遇

库尔贝在拉图尔德佩兹这座小城安顿下来,当时这里只有 3600 名居民。他住在一个名叫"良港"的寓所中,忙于远距离地处理自己在法国国内的事务,把很多财产捐赠给他的妹妹以规避法庭的扣押,并且积极准备纪念柱事件的辩护工作。朋友卡斯塔那利和博德里在巴黎定期与库尔贝通信,帮助他追索被一些画商盗走的作品,防止一些作品落入国家手中。

好些艺术家前往瑞士与库尔贝会合,形成一个大团体,帕塔在其中起到领头作用。库尔贝甚至还遇到了一个棘手的问题,就是当时的市场上大量流通着所谓"库尔贝的作品",而且销量甚好,这是因为他的很多作品被盗,赝品也层出不穷,这令库尔贝烦恼不堪。根据 1874 年 6 月 14 日这一期的《法兰西共和国报》的报导,日内瓦建立了一个大型的造假库尔贝的工场,这迫使库尔贝当即给《法兰西共和国报》的编辑写信来进行澄清,在信中他肯定了他的朋友保罗·皮阿(Paul Pia)在日内瓦的画廊中陈列的库尔贝作品为真品,与报导中提到的造假工场没有任何关联。附言中他还指出当时在日内瓦不仅伪造库尔贝的作品,还伪造柯罗、多比尼和卢梭(Rousseau)的作品。保罗·皮阿原本是名工程师,在巴黎公社期间他负责铁路管理,此时和库尔贝一样流亡瑞士。皮阿在日内瓦为艺术家们供应材料,很快就成立了一家画廊,长期展出库尔贝的作品。

第三章 流亡瑞士期间的生活与绘画创作

库尔贝在瑞士期间过着和在奥尔南时相似的简单乡村生活。他受到了人们的友善对待,显示出自己非凡的融入能力,经常被邀请参加各种文化艺术活动,结交名人和艺术家,与流亡在外的巴黎公社人士过从甚密,经常邀请朋友们开怀畅饮,一位访问过他的友人甚至形容他已经"沉溺在白葡萄酒中"。从当时拍摄的一些照片上能看出来,库尔贝已经衰老而肥胖,目光中流露出看破世事的神情。库尔贝与这些流亡的公社成员有着紧密的情感联系,他招待过的著名政治流亡者有前将军克吕斯雷、军事学校前指挥官埃利瑟·勒克吕(Elisée Reclus),还为从新喀里多尼亚逃出来的亨利·罗什富尔绘制肖像。即使到了后来,回法国对他已不再具有任何风险的时候,库尔贝仍然拒绝独自回国,而是希望能和这些公社的同伴们一起回去。他还受到了瑞士左翼的欢迎,于1875年成为弗里堡民主团体的荣誉成员。

库尔贝在瑞士的艺术活动也与他在法国时差不多。他经常前往日内瓦和洛桑看望朋友、组织画作的售卖。他在不同的地点作画,把作品送去参加在瑞士或外国举办的展览,远至英国和美国。1873年,在奥地利艺术家协会的邀请下,他在维也纳世博会之外展出了34幅画作。

库尔贝热爱瑞士静谧的风光,创作了大量风景画。在艺术史家看来,库尔贝流亡时期作品的鉴定一直都是个棘手的问题。他经常因为经济上的原因疲于应付订制和商业需求,不得不大批量"生产"。这一时期的作品产量太大,重复太多,绘画的目的与金钱直接挂钩,甚至越来越多地和弟子们进行合作"制造",从而导致了画作水平的下降。但面对这里的美景,库尔贝还是能不时地找回自己的活力和激情,一度消沉的"伟大画家"又重新浮出水面。朋友和他父亲的探望给他带来了灵感,他绘制了几幅极为生动的肖像画。库尔贝生平最后这段时期的肖像画比以往更加刻意地避免塑造人物世俗的俊美。不管是他父亲的肖像还是公社朋友亨利·罗什富尔的肖像，库尔贝寻求的都是表现人物内在的强大张力。可以说，这些画作失去了美感与和谐，但却达到了成熟和庄严。库尔贝有一系列自画像，也为自己的姐妹、很多朋友和当时的社会名流创作过肖像画，但他创作的《雷吉·库尔贝（Regis Courbet）的肖像》（图16）这幅画是他这么多年以来第二次也是最后一次为自己父亲绘制的肖像，而且分两次才完成。当时他75岁的父亲从法国前往瑞士的拉图尔德佩兹探望他。

根据罗贝尔·费尔尼埃所编纂的库尔贝作品全集，在库尔贝最早期的作品中，有一幅就是他为父亲雷吉·库尔贝作的肖像，尺寸是73×59cm，年代大约为1840年。雷吉是个富有的土地所有者，性格独立而刁钻，相貌堂堂。库尔贝为父亲画的这两幅肖像，如同其艺术生涯和创作的序幕与尾声。而在两幅肖像之间，父亲的形象在好几幅作品中出现过，例如《奥尔南的晚餐后》《奥尔南的葬礼》《弗拉热的农民们》《狩猎归来》等。

这幅父亲的肖像中，人物呈现四分之三向左的侧面。画面的下半部分是大片的暗色，雷吉的目光注视向上方，在大片厚涂的棕色与衣领部分坚定的灰色和白色笔触以及略显凌乱的头发之间，形成了鲜明的对比，显示出人物的堂堂仪表和沉稳姿态，同时也丝毫没有美化或改变雷吉作为农村人的粗糙之处。整幅画面中只有人物的脸部从阴影中浮现出来。库尔贝在这幅画中深刻细致地描绘了他的老父亲的体貌特征，例如其微显峻削的脸颊，灵活的画笔表现了其上散布的一些深色小点和红斑。这幅作品充分体现了画家的高超塑形技巧。

第三章 流亡瑞士期间的生活与绘画创作

▲图 16
《雷吉·库尔贝的肖像》
1873,布面油画,82×74 cm
巴黎,小皇宫博物馆

除了父亲的画像，库尔贝还绘制了朋友罗什富尔的肖像。这幅《亨利·罗什富尔的肖像》（图17）画面上的主人公神情十分严肃而且显得颇为诡秘。罗什富尔是位左翼记者，曾被流放到位于太平洋的法属新喀里多尼亚岛上，后来乘划艇逃离该岛，被朋友带回欧洲，在日内瓦定居。他的逃离令保守的法国政府感到困扰，也正因此，库尔贝通过这幅画来表达他与朋友之间的团结精神，以及他对政府的反抗。这幅作品创作于1874年9月罗什富尔前来拉图尔德佩兹探望库尔贝之时。然而罗什富尔本人并不欣赏这幅作品，于1876年把画送给了保罗·皮阿。1874年库尔贝还绘制了一幅民俗题材的《蒙特勒的女葡萄农》，可见他用艺术来描摹民间生活的热情并未减退。

此外，莱芒湖的风光在他的笔下丝毫不比60年代末的那些海景图逊色。在拉图尔德佩兹附近，他描绘了很多幅西庸城堡的风景。实际上，在库尔贝70年代的风景画中，很多作品都不断重复他在60年代经常表现的一些图案和形式，这是他为了满足画商和订制者的需求所采取的策略。但是在流亡瑞士期间，他的作品中还流露出了与以上商业作品截然不同的两种意趣，一种是秀丽别致的风景画，以西庸城堡系列为代表，这个题材也许是库尔贝受到了当时的风景明信片的启发，连取景角度都几乎与明信片一样，但作品却能给人带来一种真实的壮观感。而在画家的几幅莱芒湖和湖岸风光中，人们则能清晰地感受到一种"印象派"的倾向（"印象派"这个词1874年正式出现在艺术史中），与他在1865年绘制的几幅海景图颇有异曲同工之妙，同样是辽阔无际的天空和平静宽广的水面。

莱芒湖岸边的西庸城堡始建于中世纪，曾作为萨伏瓦公爵的要塞。这里离库尔贝居住的拉图尔德佩兹不过几公里的距离，一共有25座主体建筑，从

第三章 流亡瑞士期间的生活与绘画创作

▲图 17

《亨利·罗什富尔的肖像》
1874，布面油画，65×54 cm
巴黎，凡尔赛国家博物馆

公元 1000 年开始兴建。在靠近山峰的一侧耸立着高高的堡垒，临湖的一面是王侯府邸。

库尔贝以西庸城堡为题材从各个角度进行观察，绘制了大量作品，罗贝尔·费尔尼埃编写的总图录中一共收录了 20 幅。和莱芒湖上的日落一样，这个系列的作品是为了满足订制和游客的大量需求，其中有一些是他人伪造的，还有一些是库尔贝为了加快速度与助手合作绘制，水平出入很大。现藏于奥尔南的库尔贝博物馆的这一幅《西庸城堡》（图 18）在众多同类作品中显得尤为卓越，画面的处理非常细致，构图非常简洁，完全省去了其他作品中那些次要细节，例如帆船或是枝繁叶茂的树丛。

库尔贝选择这个主题，并不仅仅是把它当成一个优美的景观来处理，而是清楚地意识到这个地点所具有的丰富文化和历史背景。在漫长的历史中，这座城堡里曾经关押过很多政治犯。16 世纪时一名反对日内瓦主教的人士被囚禁在此，此人名叫弗朗索瓦·博尼瓦尔（François Bonivard）。法国哲学家让－雅克·卢梭（Jean-Jacques Rousseau）在作品《新爱洛伊丝》（1761 年创作）中选择了以西庸城堡周边地区作为故事发生的背景，于是这里在 19 世纪成为了这本书忠实读者的朝圣之地。英国画家特纳（Turner）自从 1802 年第一次到瑞士旅行之后，也把这座城堡融入到自己的水彩画、油画和素描中。德拉克洛瓦在 1835 年的沙龙中曾展出过一幅题为《西庸的囚徒》的画作，其灵感来自诗人拜伦在 1819 年为这位日内瓦共和国的捍卫者所写的一首同名诗作。城堡的历史和它在莱芒湖上的独特景致吸引了大量游客，在库尔贝生活的时代，就已经有了用西庸城堡来作为旅游书籍插图和明信片的传统。

其实库尔贝并没有去过西庸城堡，他借鉴了当时的摄影和明信片，把这

第三章 流亡瑞士期间的生活与绘画创作

▲图 18

《西庸城堡》
1874,布面油画,86×100 cm
奥尔南,库尔贝博物馆

个地点的文化内涵与自己被囚和流亡的经历联系在一起，这种政治苦难使城堡所具有的象征意义更为鲜明，也使得画作更具有画家个人的特色。不过他在描绘城堡时，还是避免了采用叙述或者明显的浪漫主义手法，没有描述囚徒在这里的痛苦经历，而是满足于展示城堡平静的外观，突出了湖面上的城堡主体，以及背后山脉的衬托。从取景的角度来看，这幅画据说是以摄影师阿道夫·布劳恩（Adolphe Braun）在19世纪60年代拍摄的一张照片作为参考，显示出库尔贝的美学思考中对角度的重视，以及他想突出的距离感。画面主要使用冷色调和淡蓝色调，而且分为三重：天空这一重的色彩迷蒙接近白色，山脉地带是不同的绿色、灰色和棕褐色，湖水则染上了松石绿色。这幅画左边岩石嶙峋、树木稠密的棕绿色地带让人想起库尔贝笔下奥尔南的峭壁，还有诺曼底海边的风景。远方白雪皑皑的阿尔卑斯山仿佛一道屏障，象征着库尔贝与法国、与他的过去的分界线，同时又是一片纯净的圣地。这幅画结合了山、水与岩石，还有湖中天空的倒影，画面仿佛凝固在一种永恒的平静中，完备地描绘了所有细节，因而更像是为游客制作的明信片或照片，同时也呼应了拜伦的诗句："也许已经过去数月、数年或是数日，我没有计算，没有记录，我已经没有任何希望，双眼不再抬起……"

库尔贝的作品如同一具会呼吸的身体，而水则是其中最根本的元素。在他的笔下，有泉水、喷泉、瀑布、河流、湖泊以及大海，这些水灌溉着他的画面，就像鲁河和里松河滋养了奥尔南的土地。水对于库尔贝而言是一个永不枯竭的主题，他借此来研究材质、运动和不朽的意义。通过各类水的题材的作品，他试图表达面对大自然时产生的最初和原始的印象，不添加或者很少添加人类的存在，仿佛只有他一个人独自面对一片浩瀚的水，同时尽可能摆脱浪漫主义风格的场景。库尔贝晚期的风景画与前期作品中存在很大的连续性,同时又因其个性化的技巧而增加了一些新元素。库尔贝笔下的瑞士湖光山水往往带着回忆和忧伤的色彩,这与他个人经历是分不开的。藏在威未(Vevey)的这幅《莱芒湖上的日落》(图19)中,他采取了二分式的空间构成,天空部分略微多于水面部分,而这里的悬崖呈现出来的坚固质感,与弗朗什-孔代地区的悬崖别无二致。库尔贝经常凭借记忆在工作室中绘制这样的风景画,甚至采用一些早期使用过的图案,包括一些海景。这种做法一方面是出于商业原因,同时也是因为他需要重新来找到自己的参照点,让他的风景画更好地适应新的地理因素。

这幅日落图选取的角度是从库尔贝在拉图尔德佩兹居住的旅舍的露台眺望莱芒湖。但是当他在画这里的落日时,他脑海中想到的也许是其他地方的河岸或海岸,其他的水面,还有作为背景的,是他难以忘怀的强烈红光,这其实是莱芒湖临法国的湖岸,库尔贝无法抵达的对岸。除了记忆中的这些风景,库尔贝在这里也观察到了光线的变化,以及光在湖面上的反射。季节与时辰的变化带来光线的改变,也就使同一处风景有了不同的版本。只不过这个题材的作品也许显得太过多了,因为库尔贝和助手们一起画了很多幅同类作品。藏在威未的这幅画算得上其中的杰作,表现了照亮梅米斯悬岩的最后的阳光,画中已经没有了一丝一毫浪漫主义的气息,他对画面的处理和技法更接近于莫奈对"光线和反射"的表达。《莱芒湖上的日落》包含了画家内敛而激烈的情感,带着缕缕忧伤,就连远处的地平线都染尽了鲜血般的红色。对于库尔贝而言,这幅画昭示了一个世界的结束和另一个世界的开始。

除了创作之外,库尔贝还积极地参加在瑞士举办的展览,让瑞士公众更

法国画家库尔贝 晚年的生活与创作

▲图 19

《莱芒湖上的日落》
1874,布面油画,55×65 cm
威未,热尼什博物馆

第三章 流亡瑞士期间的生活与绘画创作

加了解他的作品。1874年和1876年,他两次参加在洛桑举办的瑞士联邦展览,送去的画作中有他新近的创作也有随身带到瑞士的旧作。1875年8月,正逢库尔贝赠送给拉图尔德佩兹的《自由》雕像举办官方揭幕式之时,他在自己的住所"良港"举办了一个画展,展出的130幅画中,有一些是他自己的作品,还有一些是他个人收藏的油画,例如柯罗、德拉克洛瓦和弗拉芒大师的作品。

库尔贝在拉图尔德佩兹留下的艺术痕迹,除了莱芒湖和西庸城堡等代表性作品,还有一件至今仍保存在城市的寺庙广场上的雕塑。这尊青铜雕塑表达了库尔贝对拉图尔德佩兹的感谢之情。他一生中很少涉足雕塑,只在1862年为自己的家乡奥尔南创作了《夏沃的渔夫》,巴黎公社运动后被奥尔南市政府下令撤走。来到瑞士后,他有感于当地人的热情好客,决定为自己的第二故乡制作一件名为《赫尔维西亚》(意思是瑞士人)的雕塑,又名《瑞士共和国》(图20),后来拉图尔德佩兹市政府致信库尔贝,请他将作品改名为《自由女神》,而不要采用《赫尔维西亚》这个政治意味鲜明的名称。库尔贝在1875年4月回信给拉图尔德佩兹的市议员,说明自己在雕塑上进行了一些变动:"根据您的意愿,我把联邦十字架换成了一颗星星,题字由'赫尔维西亚'改成了'自由',保留了底座上一面的题词'向人们的友好好客致意'和另一面的题词'拉图尔德佩兹1875年5月'。"[1]他在1875年2月写给卡斯塔那利的信中提到了自己刚刚完成这件作品,这是一尊体量很大的女子胸像,连底座高达1.2m,准备用来放在拉图尔德佩兹的一个喷泉边作为装饰物。库尔贝还计划让人复制10个石膏像,赠送给瑞士的其他州。这尊象征共和国的

---

[1] P. T-D Chu, Correspondance de Courbet, Paris, Flammarion, 1996, 75-7, pp. 480-481.

▲图 20

《赫尔维西亚》或《自由女神》
1875,雕塑
拉图尔德佩兹

女性雕塑看上去年轻、骄傲而自由，让人不禁联想起巴黎公社时的红色共和国形象，或者说是库尔贝构想中的共和国。根据库尔贝自己在信中的形容，这个女神"果决而没有多余的内在想法，高大、慷慨、善良、面带微笑，抬头凝望着山脉。[1]"这件雕塑一共保存下来3个不同版本，拉图尔德佩兹的这一尊于1875年春天在威未的鲁瓦工厂浇铸，第二个版本现存于马蒂尼，制作于1876年。1889年法国纪念大革命100周年时又浇铸了第三件，现在安置在离巴黎不远的莫东市（Meudon），而且这一件上保留了瑞士联邦十字架。

除此之外，库尔贝还在瑞士制作了另一件充满诗意的雕塑作品，这是一个圆章，里面是一个女性的面部，其上方还有一只海鸥，这个圆章被用来装饰一位画家同行在纳威码头修建的一座房屋的正面。

尽管库尔贝想方设法来展示和出售自己的画作，建立起自己的关系网，但局势变得越来越艰难，瑞士的市场太小，连本地画家的作品都很难消化完。在1875年7月给卡斯塔那利的信中，库尔贝说："我快要完全破产了，在瑞士，画作都卖不出去。"[2]瑞士的宁静生活始终无法抚慰他的心灵创伤，也无法弥补他的经济损失。

---

[1] P. T-D Chu, Correspondance de Courbet, Paris, Flammarion, 1996, 75-3, p. 476.
[2] P. T-D Chu, Correspondance de Courbet, Paris, Flammarion, 1996, 75-15, p. 489.

第三节　在疾病与绝望中去世

库尔贝晚年的书信显示出他始终被金钱问题和诉讼案困扰,纪念柱的赔偿问题成了萦绕在他心头的噩梦。1874 年 6 月,库尔贝作为摧毁旺多姆纪念柱的共犯被塞纳民事法庭裁定有罪,必须承担起重建纪念柱的费用。身在瑞士的他密切地关注法国的事务,把所有的希望都放在共和派的政治进展上头,他徒劳地呼吁议会予以他赦免,只有卡斯塔那利在巴黎为他奔走求助。库尔贝疲惫不堪,艰难地从杜朗－吕埃尔索回卖画的钱,与此同时他的作品在里尔被合法的出售,瑞士当地对他的画作感兴趣的收藏者寥寥无几。再加上他忧心家庭事务,与妹妹左埃和妹夫的冲突越发激烈,唯恐被他们吞并家里的财产,这些都成了他借酒浇愁的一个理由。医生禁止他喝啤酒,他便转向了烧酒,健康更是每况愈下。

1875 年 5 月,库尔贝的妹妹泽利(Zélie)去世,给他的打击很大。这年 6 月,他在给朋友的信中他强调了迫害他的两股力量,一是法国政府,对他曾经做出的贡献没有给予任何承认,长时间阻碍他从事绘画;二是他的妹夫,贪图他们家的财产。他还说:"历史上很难找到一个人与我有相同的处境。"[1]库尔贝衰老得很快,他自己对此应该也已经有所意识。20 世纪 70 年代,在日

---

[1] P. T-D Chu, Correspondance de Courbet, Paris, Flammarion, 1996,75-14, pp. 486-488.

内瓦的一个私人收藏中，人们重新发现了库尔贝为当地的一位奖章制作工匠所绘制的一幅素描，这幅作品被视为现今已知的库尔贝的最后一幅素描画[1]。这幅白色纸张上的炭笔画《马克-路易·博维的肖像》（图 21）的高和宽分别为 53cm 和 46cm，尺寸较大。画面的右中部有库尔贝姓名首字母的缩写。

  这幅画是迄今为止人们知道的第九幅库尔贝为朋友画的素描肖像，确切时间难以断定，但应该是在库尔贝流亡瑞士期间所作。因为当时库尔贝不时离开自己居住的拉图尔德佩兹前往日内瓦小住，尽管没有书面材料证实，但他应该已经结识了博维这个法国裔家族，因为该家族中出了好几个知名艺术家。这幅画很可能是库尔贝前往博维家做客时创作的。画面上，年迈的奖章制作匠人坐在书架前的一把椅子上，穿着厚重的衣服，肩上随意地披着一件大斗篷，手肘撑在椅子扶手上，瘦削的双手交叠着放在腿上。老人头发较长，呈灰白色，胡须厚重，头部为四分之三侧面，眼睛正视着观者。这幅肖像素描很有深度，生动地展现出老者的年迈和沧桑感，恰恰反映了时间的不可抗拒，以及当时库尔贝对自己年龄渐长、走向衰老的心理感受。这幅肖像中库尔贝用笔的精确和细致，也体现出他的晚期素描风格日臻完美。

  长期的苦难和债务问题令库尔贝几乎陷入了谵妄症的状态，1876 年 12 月 5 日，他在给卡斯塔那利的信中把自己的诉讼案比喻成长期悬在"头顶的达摩克利斯之剑"，随时可能落下来给他致命的一击，自己"无法抵抗震颤性谵妄症、智力衰退、迟钝和最终将导致疯狂的苦艾酒。无法工作，而且一家人都陷入了深深的痛苦中。"[2]

---

  [1] P. T-D Chu, Courbet's last drawing? in Master Drawings, Vol. 12, No. 4 (Winter 1974), pp. 390-392+449.
  [2] P. T-D Chu, Correspondance de Courbet, Paris, Flammarion, 1996,76-27, p. 515.

法国画家 库尔贝 晚年的生活与创作

▲图 21

《马克-路易·博维的肖像》
年代不详,素描,53×46 cm
瑞士,私人收藏

继 1872 年的鳟鱼系列之后，库尔贝再也没有描绘过垂死或死亡的动物静物画，直到 1876 年这幅尺寸很小的作品《狍子》（图 22）诞生。所以，人们有理由认为这幅静物象征了画家此时对命运的思索。画面上秋天的植物的红色与血液的红色混合在一起，整个大自然都浸没在浓烈的死亡气息中。红色在画家笔下，既可以是生的活力，也可以是死的色彩。动物身上明显的新鲜伤口尚在淌血，让人联想起基督教中那些殉教者身上的伤痕，例如耶稣或是圣塞巴斯蒂安，同时也让人想到法国大革命中的殉难者——大卫笔下的马拉。

《狍子》给人们留下一种矛盾的印象，首先是满眼夺目的红色，散布的各种红色调又具有一种统一感，甚至让人觉得鲜活；而这只动物卑贱的姿态又令人惊讶。它占据了整个画面，被粗暴地割断喉咙，右后腿被拉起来倒挂在树上，关节似乎都已经脱落。这幅画的右下方有两行红色字迹，上面一行题词的意思是"献给朋友克吕斯雷"，下面一行是库尔贝的签名和年代 76 年。克吕斯雷是著名的极左派人物，曾经参加过克里美战役和意大利战役等数次大战，也是巴黎公社的积极参与者。所以这幅画是饱含寓意的，仿佛是画家用图像表现出来的无声呐喊，在极度痛苦中请求人们的援助。库尔贝一定不愿意像这只狍子一样，遭到残暴的对待，以如此屈辱的方式死去，但同时，他也许预感到自己也逃离不了这样悲惨的命运。

1877 年 5 月，库尔贝必须为旺多姆纪念柱承担的债务最终被法国当局确定为 323091.68 法郎，分 30 年偿清，每年要支付 10000 法郎。这笔巨大的金额给他沉重的打击，这个数目相当于法国所有的博物馆在 1877 年用来收购艺术品的金额的 4 倍，几乎相当于杜朗-吕埃尔在 1872 年购得库尔贝的 33 件作

· 87 ·

▲图 22

《狍子》
1876,布面油画,43×33 cm
巴黎,巴黎市立美术馆

第三章 流亡瑞士期间的生活与绘画创作

品的总价的 6 倍,而且其中有一些作品十分重要[1]。

　　这一年,他在日内瓦展出了自己 1841 年的作品《绝望的人》。同时,为了参加沙龙美术展和 1878 年在巴黎举办的世博会,他着手准备一幅大尺寸的阿尔卑斯山的风景画,从莱芒湖这一侧的角度取景,而这未完成的作品却成了画家的绝响。这幅最后的风景取名为《阿尔卑斯山的风光》(图 23)(151×210cm,克利夫兰,艺术博物馆),最终也没能参加 1878 年巴黎世博会的展出。因为法国政府在 1877 年 5 月对他作出的新裁决,令他失去了得到从轻判处的一切希望,于是他在 5 月 16 日中止了创作,一直到他去世都没能将作品完成。这座将法国与瑞士分隔开来的巨大山脉也是库尔贝的写照,不管是从身体具有的能量还是从绘画的能量上来看,他都像座大山,在艺术史上很少有和他具有相同分量的艺术家。就像过去在艾特塔(Etretat)的悬崖中一样,他的笔下仿佛重现了家乡的那片群山环绕的山谷,同时又结合了他的海景图与莱芒湖风景中那种浩瀚广阔的感觉。库尔贝采取的角度是从日内瓦湖北岸来眺望阿尔卑斯山,在他生命的最后几年,也许这是他每日看到的风景。尽管在瑞士的生活相对安稳,很多朋友也不时前来探望他,他还是郁郁寡欢,期望能回到法国。政治现实却是残酷的,他不但没有等到期待中的大赦,还被判处巨额赔偿金。一想到自己也许永远都不能回归故土,望着这里的湖光山色,想念着山的另一面的祖国,他无比伤感,至死抱憾。画面右边背景角落的微微发红的棕褐色区域一方面显示出作品仍未完成,另一方面也让人们能观察到库尔贝典型的绘画技法,即在画布上涂上深色颜料作为底色,然后再加上强光部分,这幅画面中是用调色刀抹上了明快的白色颜料,以便更有

---

[1] Pierre Georgel, Courbet le poème de la nature, Paris, Gallimard/RMN, 1995, p.121.

▲图 23

《阿尔卑斯山的风光》
1877，布面油画，151×210 cm
克利夫兰，艺术博物馆

第三章　流亡瑞士期间的生活与绘画创作

效地制造出白雪覆盖的山峰上的那层薄薄雾气。

画面高处的云层中隐约透出一道微光，光线又被山谷吸进去，几乎消失在画面的右方未完工的部位。这幅充满野趣的作品中点缀着不少生机。在这片遗世独立的空间里，唯一能削弱这种虚空印象的是前景大地上的小牧羊女，还有她身边的羊群，这可能是库尔贝凭记忆画下来的。大地与稍远处的天空、山脉和湖泊这三块空间一起构成一个人间天堂。人物出现在库尔贝的大幅风景画中，所起的作用是突出自然环境与人的比例，人虽显得渺小但又在这自然中占有一席之地。这里的牧羊女超越了孤独，并非一无所有，反而能给画面带来最简单的伟大，即在人世中的伟大。在库尔贝的这种现实主义中，人们能看到存在的尊严。鉴于当时库尔贝所处的绝望境地，以及他每况愈下的健康状况，这幅作品一定集中了他身上所有的余力，才能达到如此的庄严和雄伟，从主题的选择和尺寸上，都体现了他对"宏大"的追求。

1877年6月，布罗格利（Broglie）政府下台导致了议会解散，这些政治动荡也影响了库尔贝返回法国的计划，而且与此同时，国家要求杜朗-吕埃尔交出《蒲鲁东的肖像》，并且增加了各类支付扣押。值得庆幸的是，《村中仕女》当时属于莫尔尼的遗孀，幸免于被没收，被卖到了美国。10月，共和派获得新一轮议会选举的胜利，麦克马洪不得不屈服。但库尔贝的身体已经快要垮掉，几乎不能自由行动。11月，在德鲁沃公馆，政府廉价处理了从库尔贝位于巴黎奥特菲耶大街上的工作室扣押的画作、家具和艺术品，售价低得近乎荒谬：《蒲鲁东一家》的价格是1500法郎，一幅小海景图以600法郎出售，《皮埃尔·杜邦的肖像》以395法郎出售。[1]尽管遭受了一连串打击，

---

[1] Michel Ragon, Gustave Courbet, Paris, Fayard, 2004, p. 435.

库尔贝仍然显得比较乐观，不时地写信宽慰自己的家人。12月的时候他回到拉图尔德佩兹，在去世前一周给他父亲和妹妹写了最后一封信："千万不要担心，安心地待在暖和的地方吧……"[1]

  1877年12月31日，库尔贝去世。临死前，他父亲一直守护在他身边。此时他因为水肿加剧了肝硬化，腰围达到145cm，让人无法再辨认出当初那个神采飞扬的画家来。父亲参加了在拉图尔德佩兹举行的葬礼，流亡瑞士的公社成员也聚集在一起，向画家最后致敬。公墓里聚集了大批人，罗什富尔满含热泪地宣读悼词，几度哽咽无法言语。19世纪几乎是漠然地、毫无知觉地失去了这个世纪最伟大的画家之一。库尔贝去世后一周，被法国当局判处死刑的巴黎公社领导人之一瓦莱士在《觉醒》报上写下了关于他的这段话："他穿越了所有大潮，潜入到人海之中，想要像炮弹一样来击打人民的心灵，最后他在大自然中结束自己的一生……[2]"直到1919年库尔贝诞辰100周年之时，他的遗体才得以重回祖国。

---

[1] P. T-D Chu, Correspondance de Courbet, Paris, Flammarion, 1996, 77-27, p. 543.
[2] Thomas Schlesser, Le Journal de Courbet, Paris, Hazan, 2007, p. 379.

第四章 社会生活中的库尔贝

第一节 库尔贝的社会关系网以及推销自己的策略

一、巴黎公社之前积极编织网络

19世纪下半叶,欧洲的艺术市场十分繁荣,法国盛行沙龙文化,贵族与新兴的资产阶级都热衷于用绘画来点缀墙面。这为艺术家提供了在官方渠道之外获得收益和名声的一条捷径,画商也充分利用了这种新的市场活力,满足人们的新需要。

库尔贝与官方美术机构的关系一直疏远,他的作品数次被沙龙展拒之门外,因此他不得不多方寻求新的方法来推出自己的画作,找到赞助者或是购买者。研究者让-雅克·费尔尼埃称库尔贝是个"企业主",因为他采用了所有的现代手段,例如举办个人展览,主动寻找私人赞助者,建立起画作销售商和购买者的网络,并且发表关于现实主义的著作、宣言和报刊声明,这样来使自己的声名传播开,能在画坛占有一席之地。库尔贝需要得到公众的认可,同时也希望实践他自己的革命性思想,为人民创造一种艺术,让人民接近艺术。当然,库尔贝的这种做法中并不乏商业操作的意图,但他总是希望绕过中间者,直接走向他的公众和潜在的购画者。

库尔贝相对于官方机构的这种独立性，使得他不遗余力地扩大自己在法国和外国的顾客圈。19 世纪 50 年代的时候，他还声称自己的艺术"过于严肃而无法和商业挂钩"，但到了 60 年代，他的论调发生了明显变化，他毫不犹豫地与几位艺术品商人结成同盟，例如戴特里蒙、吕盖、卡达尔等。在 1863 年给吕盖的信中，他十分直白地写道："我需要钱。您就尽管卖画吧，我就不跟您反复强调了。"[1] 也就是在同一年，相交十余年的好友、艺术批评家尚弗勒里在一封信中指责他"厌倦了艺术、厌倦了斗争……"[2]，与他正式决裂。尽管库尔贝不断与画商打交道，但他希望实现的是一种双重的独立，摆脱政府和拉斐特大街上这些剥削艺术家的画商的掌控。从这个角度来看，他深受蒲鲁东提出的经济领域的自由原则影响，对建立一种新型的交易充满信心，他要直接与社会进行交易，不经过任何公立或私人中介，这正是他在给布吕亚的信中所表达的愿望，"我希望在我的生命中实现一个奇迹，我希望一生都以自己的艺术为生，同时也绝不背离自己的准则，不违背自己的良知，不需要为了取悦别人或是出售作品来画画"[3]，虽然奇迹并没有发生，但他的努力是卓有成效的，很多收藏家直接来到他的画室给他下订单，奥斯曼王朝的外交官哈里－贝就是一个例子[4]。

早在达到这样的声望之前，库尔贝身边就已经有了一些不少私人庇护者或赞助人，给他提供精神与金钱上的支持，帮助他获得非官方的承认，其中

---

[1] P. T-D Chu, Correspondance de Courbet, Paris, Flammarion, 1996, 63-3, p. 196.

[2] Jérôme Poggi, « Le « réalisme » économique de Gustave Courbet », Courbet à neuf, Actes du colloque international, Paris, Editions de la Maison des sciences de l'homme, 2007, p. 227.

[3] P. T-D Chu, Correspondance de Courbet, Paris, Flammarion, 1996, 54-2, p. 114.

[4] Michèle Haddad, Gustave Courbet Peinture et histoire, Sainte-Croix, Presses du Belvédère, 2007, p. 94.

最典型的一例就是布吕亚，1853年两人结识后，这位来自蒙彼利埃的年轻收藏家购买了当时饱受争议的《洗浴的妇女们》，为库尔贝的艺术生涯打开了新的局面，同时也开启了19世纪绘画史和博物馆史的新章节。此后他大量购买收藏了库尔贝的作品，资助库尔贝举办个人展览，他在巴黎开办了一家现代艺术画廊，与当时的卢森堡博物馆形成竞争关系。库尔贝则给当时的绘画带来了新的生命力和家乡的气息。两人达成共识，找到了突破被官方严格把控的艺术界的方案，也就是画家在私人场所举办个人展览，收藏家则在自己的私人画廊定期展出画家的作品。库尔贝通过自己的作品《相遇》（又名《早安库尔贝先生》）（图24），鲜明而骄傲地表明了这位新赞助人的重要性。但是由于尚弗勒里对布吕亚的尖刻攻击，两人的关系在1857年之后开始渐渐冷淡下来，在60年代和70年代中虽然仍保持了一定的来往，但他减少了库尔贝作品在自己开办的画廊中的可视度，转向了其他收藏。此外，圣董日的埃蒂安·博德里、诺曼底的施瓦泽尔（Choiseul）、安德尔的洛里耶都给库尔贝提供了很大的帮助。再加上文化界尤其是文学圈的朋友也以自己的方式帮助库尔贝树立起不朽的艺术丰碑，其中有他童年时代的朋友马克斯·布雄，哲学家和社会活动家蒲鲁东，50年代十分推崇现实主义的评论家尚弗勒里，以及大诗人波德莱尔，这些人都曾专门为库尔贝撰写过文章。

  库尔贝并非学院出身，但他的作品还是从1849年起陆续入选沙龙展，这给他提供了一个展示自己的舞台，此外他不忘利用一切机会来制造轰动效应，尝试在官方美术沙龙和市场之间找到第三条道路，也就是举办个人展览。早在17、18世纪的时候，艺术家就已经出现开始考虑联合组织常设展览，而且往往与市集和公开市场的概念联系在一起，以增加自己作品的可视度。在60

法国画家**库尔贝**晚年的生活与创作

▲图 24

《相遇》
1854，布面油画，又名《早安库尔贝先生》，132×150.5 cm
蒙彼利埃，法布尔博物馆

年代初成立的联合艺术协会也希望能够组织长期的艺术品展,缔结起艺术品爱好者和艺术家之间的长期联系,从而打破画商的垄断。这在当时是首开先例的。1861年,这种展览首次举办,库尔贝也送去几幅作品陈列其中,但库尔贝更倾向于另一种方式,他在1855年和1867年两次举办个人画展。这种做法在伦敦有过先例,当时在法国尚属罕见,此前有1799年大卫在卢浮宫的一间展厅里组织了自己的巨幅画作《萨宾妇女》的收费展览。安格尔也有过这样的个人展览。

1855年,在阿尔弗雷德·布吕亚的资助下,库尔贝在世博会馆旁自费修建了现实主义馆,展览发放的小册子上印制了《现实主义宣言》,这都是些新颖的做法,尽管前来参观的人很少,但这个机会还是给他带来了成功和金钱。

1867年又是一次举办世博会的时机,库尔贝此时已经功成名就,尤其是在1866年的沙龙展上,他的裸体画作《逗鹦鹉的女人》吸引了所有参观者。这一次他选择了仿照私人博物馆的形式,在阿尔玛大桥附近修建一个临时展棚,举办他的个人回顾展,展出了《奥尔南的葬礼》,风景画,1865到1866年间的一些海景图、静物画、肖像画、风俗画等,布吕亚仍然予以他赞助。这一年库尔贝只送了四幅作品参加年度沙龙展,在个人展中却展出了一百多幅,而且只向观众收取50分法郎的入场费。与1855年相比,库尔贝仍然保留了自己的独立性,只不过他已经得到了广泛认可,无法在公众中再次掀起惊涛骇浪,展览的反响趋于平淡。再加上马奈被沙龙展拒绝,他效仿库尔贝在阿尔玛大街的临时房屋里组织自己的私人展览,共展出50来件作品。马奈和库尔贝一样,也是在追求一种自己特有的真实风格,但是他希望让艺术脱离意识形态尤其是社会主义的影响,从这个角度来看,库尔贝与他相比便显得有些过时了。

除了在法国的活动，库尔贝还积极地把自己的作品送到海外参加各种展览，以扩大自己在海外的知名度。1851年，他在布鲁塞尔展出了《砸石工》，1852年又把《奥尔南的葬礼》等作品送去法兰克福展出，同时计划在维也纳和柏林组织其他展览。显然库尔贝不放过任何展示自己画作的机会。1857年，他在布鲁塞尔的美术总展览上展出了四幅画作，1858年还亲自前往比利时和法兰克福，结交当地画家和画商，扩大自己的关系网。到了70年代，巴黎公社对库尔贝作为艺术家的声望并没有造成损害，他在1871年9月给朱丽叶特的信中就说到对自己的和自己的名望很有信心，而且他还收到了来自德国、英国和瑞士的祝贺信。1873年1月，库尔贝接到来自收藏家爱德华·巴斯德的一笔金额为8000法郎的大订单[1]，2月，他在给妹妹们的家书中说道："画家帕塔已经来奥尔南督促我工作，4天来我画了10幅画，都是卖去美国的，能给我赚不少钱。"[2]他还试图前往法国以外的欧洲国家，与德国、瑞士、奥地利的画家和收藏者取得联系，在维也纳举办展览。4月，他告诉妹妹们："我们接下数不清的订单，要画100来幅画。巴黎公社想让我成为百万富翁。……我们每个月能挣2万法郎。"[3]尤其是等到库尔贝流亡瑞士时，他苦于瑞士市场的局限，只好寻求在其他国家打开局面，在欧洲各地参加展览，1876年，他还送了四幅作品（其中有两幅都是西庸城堡的风光）参加在美国费城举办的百年展览，他的画作也远销英国、美国。

---

[1] Thomas Schlesser, Le Journal de Courbet, Paris, Hazan, 2007, p. 347.
[2] P. T-D Chu, Correspondance de Courbet, Paris, Flammarion, 1996, 73-17, p. 431.
[3] Ibid., 73-27, p. 438.

二、巴黎公社之后试图凭借关系网突破困境

在经历了巴黎公社运动之后,早年的朋友有的已经离世,例如布雄就在1871年7月去世。还有的和库尔贝逐渐疏远不再往来。但在库尔贝生命中的最后几年里,仍然有一些忠实的友人和庇护者陪伴在他身边,为他排忧解难,给他支持和鼓励。同时由于法庭对库尔贝参与巴黎公社和推倒旺多姆纪念柱事件进行了判决,他面临极大的经济困难,不得不大量与画商、订制者打交道。这些年里与库尔贝往来最密切的人主要有以下几类:

第一类:库尔贝的庇护者和赞助者

早年给库尔贝提供很多支持并购买和订制了库尔贝许多重要作品的一位主要人物是布吕亚,他构建起了一整套独特的收藏,第二帝国时期没有人比他更清楚地理解艺术的现代性的意义。而在70年代里,虽然两人仍然保持联系,1873年时库尔贝还曾致信布吕亚请他帮助自己的一位朋友,但两人往来早已不如50年代密切,布吕亚于1877年1月去世。70年代与库尔贝仍然往来较多的是埃蒂安·博德里,他是一个富有的土地主,在森特(Saintes)附近的罗什蒙(Rochemont)拥有一座城堡,1862年的时候,他曾邀请库尔贝前往圣董日小住数月。1868年,库尔贝为他的作品《资产者阵营》绘制了插图。库尔贝在巴黎公社之后接受审判时,博德里虽然无法亲自出庭为库尔贝作证,但还是写了一封很长的行政信件为库尔贝辩护。

1870年普法战争前夕,博德里打算购买库尔贝的4幅油画和一些习作,但这些作品在画室被盗走,直到1874年博德里和卡斯塔那利才在巴黎的一个商店里发现了这些作品,在博德里的努力下,这些画作以合理的价钱被购回,

为此库尔贝特意在 1874 年 6 月 2 日给他写信表达自己的感谢。在 1874 年 6 月 29 日给他的信中，库尔贝更是诚恳地称赞博德里为他所做的一切，他说："您是一位好同志，如果没有您和卡斯塔那利，我都不知道自己会变成什么样子。"[1] 1875 年 6 月 2 日，库尔贝又写信委托博德里去同画商杜朗－吕埃尔交涉，解决库尔贝留在那里的画作的问题，他列出了作品的名单，请博德里去看看杜朗－吕埃尔那里的账本和存放的作品清单，然后再代表他去其他画商那里索要画作和欠款。在库尔贝流亡瑞士的整个这段期间，博德里一直在法国帮助他收回存放在各个画商那里的画作。1875 年 4 月底，博德里前往瑞士看望库尔贝，在拉图尔德佩兹停留了一个月。一直到库尔贝去世时，他们都保持着亲密友谊和书信往来。

第二类：画商和购画者

杜朗－吕埃尔既是收藏家也是画商，他非常具有战略眼光，是最早的现代型艺术商人之一，通过购买艺术家的作品，协助他们举办个人展览，为新的绘画流派的出现起到了促进作用，尤其是为巴比松画派和印象派的兴起推波助澜。他在 1869 年创办了《艺术和古玩国际画报》，1871 年 4 月在伦敦举办了第四届"法国艺术家联合会"的展览。同年，他在伦敦发现了莫奈和毕沙罗，随后又购买了大量马奈的作品，其中有《月光》《杜伊勒里花园音乐会》和《吹短笛的男孩》，一共支付了 52600 法郎[2]，这对马奈来说无异于获得了正式的承认。因为马奈的画直到那时都很少有画商或爱好者购买，尽管他

---

[1] P. T–D Chu, Correspondance de Courbet, Paris, Flammarion, 1996, 74–14, p. 470.
[2] Thomas Schlesser, Le Journal de Courbet, Paris, Hazan, 2007, p. 338.

第四章　社会生活中的库尔贝

已经很受评论界关注。1872年,他以2500法郎的价格购买了德加(Degas)的作品《歌剧院里的舞蹈演员休息室》[1],鼓舞了德加的创作。1876年,杜朗－吕埃尔在自己的画廊为印象派画家举办了第二届印象派展览。1880到1886年期间,他从精神上和资金上给印象派画家提供帮助,是唯一一个定期购买和展出印象派画作的画商。

从库尔贝的书信来看,杜朗－吕埃尔在60年代的时候就已经购买库尔贝的作品,巴黎公社之后,仍然始终继续支持库尔贝。库尔贝给杜朗－吕埃尔的助手阿尔丰斯·勒格朗(Alphonse Legrand)的信件表明,在库尔贝出狱后到他离开法国前往瑞士之间这段时间,杜朗－吕埃尔购买了大量库尔贝的作品。[2]首先,1872年3月,杜朗－吕埃尔在画廊展出了30多幅库尔贝的作品,与此同时,以60000法郎的价格购买了库尔贝的一些作品。同年8月的时候,又以10000法郎的价格从库尔贝那里购买了《集市归来》这幅画。1873年2月,库尔贝同意杜朗－吕埃尔在维也纳的世博会展出他购买的属于自己的3幅画,此后不久,库尔贝写信给阿尔丰斯·勒格朗,信中提到要用一幅画与杜朗－吕埃尔交换自己的另外两幅,然后将《浪花中的女人》以50000法郎的价格转让给杜朗－吕埃尔。与此同时,杜朗－吕埃尔在自己的画廊里还定期展出米勒的画作,米勒的主要画作在拍卖会上每幅售15000至20000法郎。[3]

但是到了1875年,根据库尔贝的书信,杜朗－吕埃尔似乎无法支付向库尔贝购买画作的钱,因此库尔贝请卡斯塔那利去杜朗－吕埃尔前往查看杜

---

[1] Thomas Schlesser, Le Journal de Courbet, Paris, Hazan, 2007, p. 339.
[2] 以下列举的所有交易详情都参考了库尔贝的书信,即P. T-D Chu, Correspondance de Courbet, Paris, Flammarion, 1996。
[3] 盛葳:《历史的错位:J-F.米勒及其在中国的评论研究》,中央美术学院博士论文,2008,第130页。

朗－吕埃尔的账本,并且从那里尽可能收回存放的作品,他声称杜朗－吕埃尔欠了自己 33000 法郎,而且对政府是否扣押了存放在杜朗－吕埃尔那里的画作表示怀疑,两人之间的合作出现了裂痕。通过库尔贝在巴黎的诉讼代理人,杜朗－吕埃尔与他之间达成了偿还欠款的协议。

1876 年 12 月,库尔贝给卡斯塔那利的信中说道:"我不得不承认这位杜朗－吕埃尔很令人失望。莫奈和沙畹(Chavannes)的画售价都更高一些。"[1]可见此时杜朗－吕埃尔的商业重心在逐渐向其他画家转移,库尔贝对此也是感到失落的。一直到库尔贝去世时,他与杜朗－吕埃尔之间都往来不断。

在库尔贝流亡瑞士期间,与巴黎公社铁路负责人、艺术品商人保罗·皮阿也有不少交易往来。库尔贝的作品在皮阿位于日内瓦的画廊中长期陈列,并委托他代为出售。1874 年 3 月,皮阿帮助库尔贝将画作送去伦敦参加展览。两人同时也有一些纠纷,皮阿似乎试图按照自己的想法出售库尔贝在自己画廊展出的画作,以从中获利。在 3 月的一封信中,库尔贝指责他利用自己的艰难处境,重申了自己的画并非皮阿所有,"我可以肯定地告诉您,我的画只是寄存在您那里,我可以找到 20 个人来证明这一点。"[2]同年 12 月,库尔贝写信告诉皮阿要给他寄两幅刚刚完成的作品,"我希望这两幅画卖掉后我能得到 1200 法郎。"[3]两人之间虽有不愉快,但并没有交恶,库尔贝在 1875 年还写信给皮阿倾诉了妹妹泽利去世给他带来的痛苦。此外,根据库尔贝 1876 年 11 月给皮阿的一封信件,皮阿在替库尔贝卖画的时候通常收取 15%的佣金。

---

[1] P. T-D Chu, Correspondance de Courbet, Paris, Flammarion, 1996, 76-27, p. 516.
[2] Ibid., 74-4, pp. 463-464.
[3] Ibid., 74-20, p. 474.

第四章 社会生活中的库尔贝

第三类：文学和艺术界的朋友

库尔贝早年与波德莱尔和尚弗勒里(图25)结为了盟友,波德莱尔曾帮助库尔贝撰写过官方信件,但两人很快就减少来往,到了1855年之后,两人再也没有见过面,这一点在库尔贝1856年给布雄的一封信中提到过。至于尚弗勒里,他对现代性的追求让他们逐渐接近,库尔贝从这位年轻而才华横溢的作家那里得到了强大的舆论支持,现实主义成为他们共同的艺术财富。现实主义的兴起和发展在很大程度上都得益于尚弗勒里,他在1857年出版了一部关于现实主义的文集,他对库尔贝的画作的分析表现出深刻的洞察力,在库尔贝早期的艺术生涯中起到了极为关键的作用。但是到了60年代,两人的观点出现分歧,渐行渐远,直至最终决裂。继而来到库尔贝身边的是卡斯塔那利。

于勒-安托万·卡斯塔那利(图26)是圣董日人,年轻时学习法学,后来成为了一名记者,政治上倾向于社会主义,作为艺术评论家,他经常出入各种沙龙展并撰写评论,对艺术界有很大的影响力。起初卡斯塔那利支持的是画家米勒,在1857年的沙龙展时,他对库尔贝进行了批评,认为"库尔贝是一个对艺术表示深刻怀疑的人,在灵性上不够活跃,从而无法意识到普世的精神",而且他把库尔贝看作是一个"在绘画上滑稽地追随蒲鲁东的可怜家伙"[1]。然而,1860年5月,在蒲鲁东的律师居斯塔夫·肖代(Gustave Chaudey)的引荐下,他来到了库尔贝的画室。在画家工作室昏暗的光线中,

---

[1] Thomas Schlesser, « Courbet / Castagnary, circonvolutions et conversions », Courbet à neuf, Actes du colloque international, Paris, Editions de la Maison des sciences de l'homme, 2007, p. 218.

▲图 25

《尚弗勒里肖像》
1854–1855,布面油画,46×38 cm
巴黎,奥赛博物馆

第四章　社会生活中的库尔贝

▲图 26
《卡斯塔那利肖像》
1870，布面油画，55.2×45.8 cm
巴黎，奥赛博物馆

卡斯塔那利对库尔贝的看法发生了彻底改变,他终于感受到了这些风景、肖像和风俗画中的力量,承认这位过去被他贬低为"画工"的画家是一个有着"杰出感性的诗人"[1]。这次会面是他们友谊的开端,尽管库尔贝要年长 11 岁,但他们两人有着相似的世界观,而且都喜欢炫耀和别出心裁。也就是在这之后,库尔贝先前的盟友尚弗勒里和他关系日益疏远,卡斯塔那利填补了这个空缺,不管是在理论层面还是从感情出发,他都逐渐成为库尔贝的坚定捍卫者和最忠实的朋友,不仅是撰写有关库尔贝的评论,而且库尔贝后来的一些重要公开信件都是由他代笔,例如 1870 年 6 月库尔贝为拒绝接受荣誉勋位写给当时的美术部长莫里斯·里查尔(Maurice Richard)的信[2]。

70 年代的时候,卡斯塔那利继续全力支持和帮助困境中的库尔贝,库尔贝在凡尔赛接受审判期间,卡斯塔那利为了帮助他,曾建议多比尼为库尔贝收集请愿书。此后,又与施瓦泽尔伯爵一起为库尔贝作证,肯定了库尔贝保护艺术的举措。由于卡斯塔那利对巴黎公社的支持态度,库尔贝被囚于圣佩拉吉这段时间里,他没有得到探望库尔贝的许可,两人只能通过书信保持联系。1872 年,库尔贝送去参加沙龙展的两幅画遭到拒绝,没有任何艺术媒体对此表示不满,只有卡斯塔那利在《世纪报》上撰文批评沙龙评委梅索尼埃(Messonier)。库尔贝逃亡到瑞士后,卡斯塔那利在法国替他处理诉讼案,协助库尔贝的律师进行辩护,并四处寻找被盗窃的作品,追查假画,联系画商买卖画作,进行财产的管理等其他诸多事宜。从某种意义上来说,他成了库

---

[1] Thomas Schlesser, « Courbet / Castagnary, circonvolutions et conversions », Courbet à neuf, Actes du colloque international, Paris, Editions de la Maison des sciences de l'homme, 2007, p. 218.

[2] Michel Ragon, Gustave Courbet, Paris, Fayard, 2004, p. 358.

尔贝的免费秘书、管家和媒体联络人,还曾前往拉图尔德佩兹看望库尔贝。库尔贝曾在 1876 年 12 月写给父亲妹妹的信中感慨人情淡薄,他说:"当你遭遇不幸时,没有人敢再照顾你。我认识的所有法国人、我所有的朋友,都不再理睬我,每个人都像风中的树叶一样战战兢兢。"[1]但是并非所有人都不理睬他,忠诚的卡斯塔那利从来没有背叛过他。所以库尔贝在 1877 年初给卡斯塔那利的信中肯定了他们之间的友谊,"我从来没有怀疑过您对我的深厚情谊。"[2]

甚至在库尔贝去世后,卡斯塔那利都坚持不懈地为恢复他的声誉而努力。

第四类: 库尔贝的弟子与追随者,库尔贝作坊还是库尔贝画派?

尽管巴黎公社运动之后库尔贝在法国受到无情的羞辱和打击,呈现未老先衰的落魄状态,但他还是保留了一批忠实的拥护者。在弗朗什-孔代地区,一个风景画派逐渐在库尔贝的影响下形成。这些地方上的风景画家对库尔贝表达了真诚的崇敬。这些人中,最年轻的是马塞尔·奥尔蒂奈尔,后来还追随他去了瑞士。最年长的是勃艮第人让·科尔努(Jean Cornu),他主要画的是汝拉山区的风景。其中最活跃的则是瑞士人帕塔(Pata),库尔贝 1871 年在巴黎与他结识,帕塔还与库尔贝一起参与巴黎公社运动。当库尔贝濒临绝望之际,帕塔从旁协助他重新拿起画笔,带着库尔贝到大山里头去完成别人的订制,还帮他上色。这些都使得帕塔的画风极为接近库尔贝,而他模仿起库尔贝的技法来如此惟妙惟肖,以至于很多造假者在他的作品上加上库尔

---

[1] P. T-D Chu, Correspondance de Courbet, Paris, Flammarion, 1996, 76-31, p. 517.
[2] Ibid., 77-2, p. 521.

贝的红色签名来以假乱真。1873年库尔贝住在奥尔南,就已经接到了无数订单,当时他就在给卡斯塔那利的信中说:"我必须找些学生来帮忙才能满足需求"[1]。此后不久他写信给妹妹,说:"帕塔和科尔努画得还不错。马塞尔已经回来了,我希望他也能加入工作中,因为他们帮我准备画作,我会付给他们佣金。"[2]

在库尔贝生命的最后几年,帕塔一直陪伴左右,几乎从未离开过他,照料他的生活,帮他回复信件,管理他的财务。在瑞士期间形成了一个库尔贝工作室,此时画家本人已经十分虚弱,对生活不再抱有幻想,只是负责决定绘画的大局。而帕塔则成了他在此的得力助手。这个工作室类似于一个大作坊,产出了大量署名为库尔贝的作品,其中有一些是库尔贝和学生们真正传统意义上的合作绘制,即由学生来为他准备底色,库尔贝亲自动笔绘制;另一些则是弟子们简单地模仿他的风格制作而成,库尔贝在上头署名,所以画作质量参差不齐。即使是出自库尔贝本人之手的作品,往往也有一些是为了应付订制和购买而大批量生产出来。《黑井》和《西庸城堡》系列就是这样形成的,而在很多汝拉山脉的风景或是海景图中,库尔贝几乎都不曾亲自动过笔。20世纪中,帕塔的一些风景画在德鲁沃公馆就这样署上了库尔贝的名字出售。尽管库尔贝的仿制品比柯罗的假画要少很多,但在市场上仍是大量流通的。这些假画可以解释为什么人们常常感觉在继"鳟鱼系列"之后,库尔贝的作品质量出现了大幅下滑。

罗贝尔·费尔尼埃在库尔贝作品的总图录中一共收录了1869年以后库尔

---

[1] P. T-D Chu, Correspondance de Courbet, Paris, Flammarion, 1996, 73-23, p. 436.
[2] Ibid., 73-27, p. 438.

贝与他人合作的作品38幅,但实际数目应该远远不止这些。这使得很多艺术史家面对库尔贝后期的作品都持怀疑态度,很难辨认出哪些真正出自于库尔贝之手。

实际上,库尔贝的后继者并不是由帕塔和奥尔迪奈尔等弟子主持的风景画工作室,而是在巴黎,在后来人们称为印象派的画家当中。

第五类:与同时代的其他画家的交流

库尔贝早年与同时代不少画家结下了友谊,1862年他住在圣董日期间,就曾与柯罗有过惊人的艺术合作。两人曾一起去户外写生,通过与柯罗的接触,库尔贝更加稀释自己的笔触,采用一些更生动的节奏。两人同样追求真实性,只不过库尔贝笔下的质感和调子更严肃,柯罗则更柔和一些。

而在60年代,库尔贝与莫奈、惠斯勒(Whistler)和布丹等人也保持了友好来往。1859年,波德莱尔在《沙龙》上发表了有关布丹的评论,称他以海洋和天空为题材的色粉画仿佛具有"液体和气体的魔法"[1],也就在这一年,库尔贝专程去拜访了比他年轻5岁的布丹。1865年底,通过布丹的介绍,库尔贝与莫奈认识,莫奈不仅对他的现实主义印象深刻,而且被他照顾蒲鲁东遗孀的慷慨热心所打动。在1865—1866年创作的《草地上的午餐》中,莫奈还以库尔贝入画,画面中心偏左的一名男子坐在野餐布上,他的形貌酷似库尔贝,仪态颇有气势,所处的位置仿佛是野餐的主人。莫奈在维尔-达弗莱作画的时候,还时常得到前去看望他的库尔贝的建议。1870年6月,莫奈

---

[1] Pierre Georgel, Courbet le poème de la nature, Paris, Gallimard/RMN, 1995, p. 125.

邀请库尔贝作为证婚人出席他和卡米耶的婚礼。英国人惠斯勒则被库尔贝视为自己的"学生"[1]，两人曾在1865年一起去诺曼底海边绘画，这正是库尔贝对于风景画的一种全新观念形成的时候，惠斯勒这个时期的海景作品中也体现出了库尔贝笔下那种视觉上的自由。库尔贝在瑞士期间，惠斯勒还帮他在英国和美国联络到一些经纪人，协助他在伦敦展出自己的作品。

1872年初，库尔贝逗留在杜瓦尔医生的诊所期间，非常欣喜地接待了布丹、莫奈和另一位擅长画修女生活场景的画家阿尔芒·戈蒂埃（Armand Gautier）的来访。当时库尔贝以画水果和花朵静物为主，所以送给了戈蒂埃一幅《开花的苹果树枝》，送给布丹一幅苹果静物。这些画家的友爱与殷切给困境中的库尔贝带来了很大的安慰。

但令人惊讶的是，库尔贝旅居瑞士时，这些印象派画家中没有一个人到拉图尔德佩兹来看望过他，尽管库尔贝可谓是他们真正的启蒙者。也许这是因为尽管他们声名鹊起，但其中大部分画家当时仍比较贫困，无法支付前往瑞士的旅行费用。1873年5月，当莫奈试图组织自己和朋友作品的集体展览时，他的生活条件仍然很艰苦。但莫奈并没有忘记库尔贝，因为他的第一个念头就是邀请库尔贝、柯罗和多比尼一起来为他们的展览提供支持。而这些新兴画家对马奈拒绝参加展览都感到非常失望。这群画家中锋芒最利的德加声称，"现实主义运动无需与其他运动进行斗争。它就在那儿，存在着，它必须单独展示自己。必须举办一场现实主义沙龙展。马奈不理解这些，我认为他非但不聪明，而且还太过虚荣。"[2] 从德加这段话也能看出，印象派的首次画

---

[1] P. T-D Chu, Correspondance de Courbet, Paris, Flammarion, 1996, 65-15, pp. 240-241.
[2] Michel Ragon, Gustave Courbet, Paris, Fayard, 2004, p. 426.

第四章　社会生活中的库尔贝

展正是打着自然主义和现实主义的旗帜举办的,也就是说作为库尔贝的后继者。而且这种在官方渠道之外来独立展示自己的方式也是因循了库尔贝的先例,只不过这些印象派画家大部分都不怎么涉足政治。

此次展览于1874年4月15日开幕,一共展出了65幅作品。莫奈把自己展出的一幅画作命名为《印象·日出》,印象派正是由此得名。当时正在瑞士流亡的库尔贝,似乎并没有留意到与此同时巴黎的年轻画家们对他的作品进行的颂扬和承继,也许正如他对法国政府的抱怨,政府干涉他继续从事艺术事业,而且阻碍了他了解巴黎艺术界发生的这些事件。同在瑞士的公社流亡者、围绕在库尔贝周围的地方风景画家们似乎都没有对这次展览予以很大的关注,实际上这次画展的重要性要等到很久之后才为人们所承认。至于当时身在巴黎的卡斯塔那利,他在《世纪报》上发表了对这批画家的一篇批评文章(1874年4月29日),指出这些印象派画家们在继柯罗、多比尼和库尔贝之后,并没有表现出任何的艺术创新[1]。

在库尔贝晚期的一些风景画中,他与印象派画家之间的某些相似性并不能简单地概括为相互或单向的影响效应。1869年,当库尔贝前往法国北部诺曼底的艾特塔海岸时,他绘制了大量海洋风景,笔下使用的色彩越发明亮起来。其作品《海浪》和《暴风雨后的艾特塔悬岩》成为从库尔贝到印象主义之间的一个标杆。《暴风雨后的艾特塔悬岩》的色彩很明亮,蓝白色的天空与悬岩的赭色形成鲜明对比,天空的清澈透明与灰色大海的波涛汹涌又是一重对比。库尔贝笔下的"海景"往往构图大胆,天空在其中占有与大海一样多的空间。

卡斯塔那利清楚地意识到库尔贝的绘画中发生的这个剧烈改变,只不过

---

[1] Michel Ragon, Gustave Courbet, Paris, Fayard, 2004, pp. 426–427.

当时他还没有想到印象主义这个词，而是采用了左拉（Zola）偏爱的"自然主义"这个说法。他曾这样写道："自然主义流派认为艺术是对生活的各种方式和从各个层面的表达。艺术唯一的目的就是通过表现大自然最大的力量和强度来复制大自然；……自然主义流派重建了人类与自然之间破碎的关系。"[1]
库尔贝后期的画作确实越来越多地呈现和歌颂了大自然。根据现实主义理论，绘画取决于所处理的题材，所以对于库尔贝和莫奈、雷诺阿等人来说，首先要回答的是一个技术问题。库尔贝此时所进行的光线的研究，尽管还不太明确，但却给后来的印象派开拓了一条道路，而且库尔贝给他们带来的很大一个提示，就是要着重和始终表现当代的现实。当然，这些年轻画家完全在户外的自然光线下创作一些带有人物形象的大幅作品，这还是令库尔贝相当吃惊。有这么一则轶事[2]：有一天，库尔贝看到莫奈坐在自己花园的一道沟壑前发呆，这道沟里放了莫奈正在绘制的一幅画，这样就能使莫奈方便地描绘画的上半部分。库尔贝惊奇地问莫奈为什么坐在那里什么也不干，他的画上分明还有好些部分没有完成。莫奈却摇了摇头说"我在等着太阳"。原来当时恰好有一片云经过，挡住了一些光亮。画室内与户外作画这两种方式，在19世纪70年代一直在进行斗争。新老两代画家之间的差距在拉大，他们的抱负也不完全相同，但新一代画家仍然从库尔贝这位当时占据画坛主要地位的大师身上受到了很多决定性的启发。

---

[1] Michel Ragon, Gustave Courbet, Paris, Fayard, 2004, pp. 347-348.
[2] Ibid., pp. 348-349.

第四章 社会生活中的库尔贝

第二节 舆论界对库尔贝的看法

一、各个时代的艺术批评

1848 年是库尔贝开始引起评论界关注的标志性年代。这一年,库尔贝参加了不设评委的沙龙展。尚弗勒里在 1848 年 9 月的《抨击文章》上是这样评价他的:"这个人,创作《瓦尔普吉的古典之夜》的无名年轻人,将会成为一个伟大的画家……库尔贝凭借十幅作品开始了自己的画家生涯,其中有一张巨幅油画,一些肖像画、风景画和素描。可见他创作力丰富,而且手段多样。"[1] 1851 年,库尔贝的《奥尔南的葬礼》更是引发了广泛的轰动。傅立叶主义者弗朗索瓦·萨巴提埃(François Sabatier)在 1851 年 1 月《和平的民主》上发表文章赞扬这幅作品的民主意义,"我认为库尔贝先生非但没有陷入庸俗和物质主义,反而尽可能地理想化和风格化了他的创作主题,而且保持了动人和真实……在《奥尔南的葬礼》中,库尔贝一点也不粗鄙……这是艺术中的民主。"[2] 同年 2 月,曾任《艺术家》画报主编的保罗·芒茨(Paul Mantz)在《事件报》上也肯定了"《奥尔南的葬礼》将是现代艺术中现实主义的顶梁柱……"[3]

贬低库尔贝的批评家也不在少数,1852 年 4 月,德雷克吕兹(Deléluze)

---

[1] Thomas Schlesser, Le Journal de Courbet, Paris, Hazan, 2007, p. 81.
[2] Ibid., p. 121.
[3] Ibid., p. 121.

发表在《论争报》上的文章认为库尔贝被他的画笔操纵，成为自己绘画工具的奴隶。[1] 著名的艺术批评家泰奥菲尔·戈蒂埃（Théophile Gautier）拥有巨大的影响，他支持"为艺术而艺术"，一直对库尔贝的现实主义进行尖锐的批评，从另一个角度来说也促成了库尔贝的名望。1853年7月，他在《新闻界》上把库尔贝形容为"表现丑的华托（Watteau）"[2]。尽管如此，1857年9月，戈蒂埃还是在《艺术家》上声称看到了库尔贝在绘画上的"进步"[3]。到1866年时更是称库尔贝的"现实主义人性化了"[4]。

1855年，库尔贝举办了第一次个人展览并发表现实主义宣言后，与评论界的关系更加复杂了。他成为媒体及记者最热衷的论争对象，有时候被人批驳得体无完肤，但也不乏支持者或是对他态度发生大转变的人。一个时期的同盟军可能是他潜在的敌人，而诋毁他的人也有可能成为他的维护者。第二帝国时期的美术督察泰奥菲尔·西尔维斯特（Théophile Silvestre）曾担任布吕亚的专门顾问，在很多知名报刊上发表评论文章，他从1852年开始撰写当时的画家选集。库尔贝很期待西尔维斯特能在著作中予以自己正面的宣传评价，结果却大失所望。西尔维斯特猛烈地攻击了现实主义的逻辑，认为它排斥了人类最高贵的东西，即"想象力"[5]。此外，还有一些人将库尔贝与同时代的米勒进行比较。作家兼记者马克西姆·杜岗（Maxime Du Camp）在《1857年沙龙展》中就有一段关于库尔贝和米勒的评论，反映了当时的评论界对库尔贝和米勒的不同看法，库尔贝往往被视为一个懂得利用自己技能的工匠，

---

[1] Thomas Schlesser, Le Journal de Courbet, Paris, Hazan, 2007, p. 131.
[2] Ibid., p. 146.
[3] Ibid., p. 196.
[4] Ibid., p. 282.
[5] Ibid., p. 185.

而米勒则被看作描绘出新时代现实的艺术家。杜岗是这样描述的:"米勒先生是位艺术家,库尔贝先生是个画画的人。"[1]《塞纳河畔的女士们》参加了1857年的沙龙展后,媒体对库尔贝作品的评价更是毁誉参半,有的认为这幅画恶劣粗俗(保罗·德圣-维克托在《新闻界》上的批评),有的则大赞风景绘制的高质量(让·卢梭在《费加罗报》上的文章)。杜岗更是批评道:"(库尔贝)他的手很灵巧,但他完全没脑子;他能看到但却不懂得观察。他既不知道寻找,也不懂构图或诠释;他画画就像人家给靴子打蜡一样;这是个有才华的工人,不是个艺术家。"[2]库尔贝去世之后,杜岗在1880年凭借四卷本作品《巴黎大动乱》而当选为法兰西学院院士,在书中专门有一章是写库尔贝的,他认为库尔贝应当对旺多姆纪念柱的摧毁负责,称库尔贝是一个"极度自我中心"[3]的人。

60年代里,库尔贝的每一幅重大作品问世或参加沙龙展时,都会引起轩然大波。更值得注意的是,同时代的一些重要画家和文学家也对库尔贝进行了评论。库尔贝送去参加1864年沙龙展的《维纳斯和普赛克》(二战时这幅画在柏林被毁坏)被评委团以下流的评价拒绝,人们批评这幅作品伤风败俗。库尔贝只好尝试把这幅画送去比利时展出。而画家米勒则针对这幅画驳斥了人们对库尔贝的非议,他在1864年4月写给卡斯塔那利的信中写道:"在我看来,很难说库尔贝的画比最近一次沙龙中展出的卡巴奈尔(Cabanel)或波德里(Baudry)先生的作品更不合礼仪……我认为,在相同的意图下,库尔贝的作品是这三个人中最不下流的,因为他笔下的女性比其他人画的要生动

---

[1] Thomas Schlesser, Le Journal de Courbet, Paris, Hazan, 2007, p. 189.
[2] Ibid., p. 195.
[3] Ibid., p. 289.

一千倍。"[1]大作家左拉也为库尔贝个人主义的独立个性辩护，他在1865年8月曾评论库尔贝"热切地希望仅仅拥抱最真实的自然；他希望在全部的血肉中、全部的肥料中来作画。"一年后，左拉又说道："真正的画家应该能处理一切题材，而这一位是唯一的一个好画家，所有题材都画得一样好。库尔贝在处理所有作品时都胜出一筹。"[2]但是当左拉感到库尔贝的作品变得平庸时，他也毫不留情地进行了批评，例如他认为库尔贝1866年在沙龙中展出的《狍子的藏身之处》和《逗鹦鹉的女人》缺乏强大的力量，缺乏库尔贝全力投入的意识，他便形容库尔贝"收起了老鹰的爪子"[3]。

当时的一位年轻画家弗雷德里克·巴齐尔（Frédéric Bazille）与莫奈关系十分亲密，后来也成为印象派中的一员，他在1866年给父母的信中则描述凭借卖画而获得成功与财富的库尔贝，这封信不但表现了年轻一代画家对现实主义大师的崇拜，同时也体现出库尔贝对金钱的追求。巴齐尔写道："今年，他（库尔贝）的确展出了一些很漂亮的画，但比起《洗浴的妇女们》或是《塞纳河畔的女士们》要差远了。公众们只想着拥护他的成功，从沙龙开展起，他的画已经卖了15万法郎！抽屉里塞满了钞票，他都不知道该拿这些钱怎么办……"[4]

19世纪70年代初，库尔贝因参与巴黎公社和推倒纪念柱事件所受到的冲击，也在评论中反映出来，整个评论界对这位画家的态度来了个大转弯，这一时期对他的责难明显多过赞扬，而且随着库尔贝的被囚及逃亡瑞士，他

---

[1]　Thomas Schlesser, Le Journal de Courbet, Paris, Hazan, 2007, p. 257.
[2]　Ibid., p. 269.
[3]　Ibid., p. 280.
[4]　Ibid., p. 282.

似乎逐渐被法国的评论界和公众们遗忘，人们的目光转向了印象派等新生代画家。笔者目前所搜集到的资料中，1872年以后涉及库尔贝的艺术批评极为罕见，但报刊杂志上的讽刺漫画却层出不穷。

1872年5月，斯塔尼（Stani）在《国家》报上写道："所有的法国人（……）都应该像对待一个背叛祖国的人一样来唾弃、躲避、憎恶这个人。"[1]而艺术界的同仁也极力排挤他。1872年的沙龙评委团拒绝了他送展的作品，20名投票的艺术家中仅有欧仁·弗洛芒丹（Eugène Fromentin）和罗贝尔·弗勒里（Robert Fleury）两人投票支持他，其他人都赞同梅索尼埃的说法，"这不是个艺术问题，而是尊严问题。沙龙必须将库尔贝排除在外；从今以后，他对我们来说如同已经死亡。"[2]最早撰写库尔贝传记的里亚认为这些艺术家的做法更多是出于嫉妒而并非政治原因，这些人无法原谅库尔贝的独立和成功，对库尔贝来说最大的惩罚也许就是让他淡出人们的视线。所以当时的一位评论家弗朗西斯克·萨尔塞（Francisque Sarcey）写道："他是如此醉心于声名的一个人，因此必须用公众的冷漠来惩罚他。"[3]只不过，令这些人没有想到的是，巴黎公社反而抬高了库尔贝在画商和收藏者那里的身价，他的画卖得反而更好，以至于需要请助手来帮忙才能完成订单。

巴黎公社之后，库尔贝为了继续存在于人们的视线中，不得不用各种方法来引起关注。因此，在他最后这段时期的作品里，混合了个人情感、政治和绘画本身，这种动人心魄的做法对画家来说也是前所未有的。然而这些作

---

[1] Thomas Schlesser, Le Journal de Courbet, Paris, Hazan, 2007, p. 339.
[2] P. T-D Chu, The most arrogant man in France, Princeton, Princeton University Press, 2007, p. 171.
[3] Ibid., 2007, p. 172.

品并没有获得当时评论界的青睐，有一些引起了争议，剩下的则被忽视，这也表明了在 19 世纪 70 年代发生巨大变化的法国绘画界中，库尔贝的地位开始动摇，有被新一代画家遮盖住光芒的趋势。而这批新一代的画家又在很大程度上从库尔贝那里汲取了养分。

库尔贝去世之后，法国文艺界似乎又重新找回了对奥尔南大师的兴趣，很多评论文章将他与印象派画家联系在一起。左拉在 1880 年发表的文章《沙龙展中的自然主义》里写道："库尔贝是画工中的大师，他留下了一些不朽的作品，在这些作品中，大自然以一种超凡脱俗的强大力量重现。但是在他身后，这场运动还在继续，就像文学运动在司汤达（Stendal）、巴尔扎克（Balzac）和福楼拜（Flaubert）之后的延续。一些艺术家出现了，他们的创作虽然不具备库尔贝式的坚固和美感，但是通过对光线更深入的研究和对学院做法的进一步排斥，他们扩充了表达方式。总之，库尔贝作为绘画工匠，是个杰出的古典主义者，还停留在提香（Titien）、委罗尼斯（Véronèse）和伦勃朗的广泛传统中。真正的形式革命者是随着马奈，随着印象派画家莫奈、雷诺阿、毕沙罗和吉约曼（Guillaumin）等人出现的。"[1]

二、巴黎公社运动前后针对库尔贝的公众舆论在漫画中的体现

在巴黎公社运动前后这段艺术上并不丰产的时期，库尔贝受到了来自四面八方的攻击和污辱，公众舆论中掺杂了阶级仇恨、胜利者对失败者的仇恨、

---

[1] Pierre Georgel, Courbet le poème de la nature, Paris, Gallimard/RMN, 1995, pp. 156–157.

巴黎人对外省人的仇恨。例如作家小仲马〔Alexandre Dumas（Fils）〕就曾在文章中猛烈地抨击他，"是怎样的鼻涕虫和孔雀令人惊异地结合在一起，是怎样的创世般的强烈对比，是怎样的皮脂渗液，才能产生出这个叫做居斯塔夫·库尔贝的东西？在什么样的钟形罩里，用什么厩肥，然后混合着葡萄酒、啤酒、腐蚀性的黏液和伴有胀气的水肿，才能生长出这个能发出声音的长毛的南瓜，这个愚蠢而无能的自我的化身？"[1]另一个文人也曾把雨果比作"水井"，库尔贝则是"蓄水池"。这些比喻都是因为库尔贝生病后变得十分肥胖。他的肥胖也因此成为了漫画家的素材，没有其他画家比他更受关注。以库尔贝作为漫画的主题并不是一个新鲜的现象。在第二帝国的20多年时间里，库尔贝早已是漫画家最为钟爱的题材，一些漫画家大肆诛伐库尔贝的现实主义及其绘画作品，也有一些漫画家的态度相对友善。在法国艺术史上，也许库尔贝是被滑稽化和讽刺得最多的一位画家，甚至连他的作品也被漫画家进行了加工，《村中仕女》《洗浴的妇女们》或是《逗鹦鹉的女人》屡屡受到嘲讽和丑化。第二帝国所有的漫画大师都加入到塑造库尔贝传奇的行列中来，或褒或贬地打响了他的名声，库尔贝的庞大形象随处可见。早在50年代他刚刚开始自己的艺术生涯时就已经引起了漫画家的兴趣。例如漫画家山姆（Cham）笔下的库尔贝就是一个苗条的年轻人，他的绘画却令公众和评审团望而生畏。60年代中，纳达尔（Nadar）和安德雷·吉尔（André Gill）为首的漫画家把库尔贝表现为一个如同圣徒或殉道者般的画家，从此库尔贝身形庞大而骄傲的形象就一直流传下来，手里往往还拿着一个巨大的调色板、一把调色刀或是一个啤酒杯（图27）。

---

[1] A. Dumas（小仲马），Une lettre sur les choses du jour, Michel Lévy, 1871, p. 16.

▲图 27

《肥胖的库尔贝手拿调色板》
漫画,吉尔
发表在 1870 年 7 月 2 日的《隐没》报上

第四章 社会生活中的库尔贝

如果按照时间顺序来整理 1871 年以后表现库尔贝的漫画，第一波是在 1871 年 3 月到 5 月间出现的一些巴黎公社的宣传漫画；然后是 1871 年 6 月到 9 月间，是凡尔赛政府发起的漫画攻击；从 1871 年 10 月起，则是一些保守的共和派漫画家的作品。1870 年到 1871 年之间的漫画家往往昙花一现，而且大多采用假名，甚至不知名，针对库尔贝的漫画大量涌现于凡尔赛政府时期，并持续到第三共和国最初几年。当时的舆论界偏好采用漫画这种形式来关注库尔贝，这也表现了漫画家对于库尔贝这个人物的明显兴趣。这种讽喻手法混合了对人物精神和躯体的双重关注。从公社之前起，漫画家笔下的库尔贝就以肥胖的形象出现，往往被表现成一个能吃能喝的孔代地区的胖农民，说起话来滔滔不绝、嗓音洪亮，乐天随和，喜欢打猎，总是试图打破社会、机构或是绘画等方面的条条框框。1871 至 1873 年间的漫画延续了库尔贝的这些特点，更是突出画家在患上难以治愈的水肿后身体的变形，强调了库尔贝浓密的汗毛、乱蓬蓬的须发和不整洁的衣冠，这些都尤为符合从 1871 年夏天起漫画家贝塔尔（Bertall）、尼克斯（Nix）等人创造的典型的公社党人形象。

在旺多姆广场的拿破仑纪念柱诉讼案之后，各家报纸纷纷刊登漫画来讽刺被纪念柱事件困扰的库尔贝。有的漫画表现了库尔贝被迫以个人名义来承担重建纪念柱的责任，或是库尔贝与纪念柱之间的种种牵连以及事件对他绘画生涯的影响。所有这些漫画作品都体现了一个观点，即纪念柱的倒塌带来了画家的倒台。尤其是山姆在一幅漫画（图 28）的说明文字中不无嘲讽地写道："这回轮到旺多姆纪念柱来打倒公民库尔贝了。"只是纪念柱倒下还可以再次竖立，而库尔贝从此却一蹶不振了。

在巴黎公社时期的漫画中，库尔贝多数时候是以一个介入政治的画家的

▲图 28

漫画，山姆
1872—1874 年的作品

第四章 社会生活中的库尔贝

形象出现,而不是一个革命者,证据就是他手里一直拿着的那个调色板,这一点延续了吉尔在 1867 年至 1870 年间创作的漫画的特点,吉尔对库尔贝的态度也是相对善意的。

这一时期的漫画中,L. A. 斯提克(L. A. Stick)的作品[1](图 29)很具有典型的时代特点,在这幅作品中,画家一方面指出了库尔贝在艺术家联合会中扮演的角色,同时也把他和打倒旺多姆纪念柱事件联系在一起。不过这幅公社时期的漫画对于库尔贝的某些性格特点,也还是有持保留态度甚至是批评的一面,例如他的自恋、自我中心以及个人主义,他的权力欲,希望获得承认和声誉,这些都通过画面上站在被砍去一截的纪念柱顶端的画家形象表现出来,以及上底座上的铭文,意思是"献给大师,祖国感谢你"。这里被命名为"库尔贝广场",广场上左方的屋顶上插着"巴黎艺术家联合会"的红旗,墙上和纪念柱底座周围遍布着各种铭文,更是表达了对库尔贝的嘲讽,其中有的写着"绘画大师库尔贝""库尔贝现实主义画家""进行来料加工的画家库尔贝""各类型绘画——库尔贝"……可见即使是在巴黎公社期间,人们也还是不满库尔贝的一些行为举止的。

从流血周结束之时直到 1871 年夏天,大量的漫画都是有关库尔贝和打倒纪念柱事件的。法语中所用的"打倒"这个动词,原意是指旋开螺栓,被引申为打倒或是使人下台,在库尔贝提出的"打倒纪念柱"的倡议书中一经使用便流传开来,从此和他牢牢地联系在一起,他的余生都与这个词不可分割。当时的人们只要提到库尔贝,脑海中就会出现纪念柱的形象,而只要谈起纪

---

[1] 这幅漫画发表在 1871 年春的一期《时事》报上,现在以彩色版画的形式保存在圣德尼的艺术和历史博物馆中。

▲图 29

漫画,L.A. 斯提克
1873 年发表在《时事》报上

第四章 社会生活中的库尔贝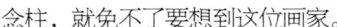

念柱,就免不了要想到这位画家。

旺多姆纪念柱在巴黎公社之前的1870年9月起,就已经成为共和派漫画中的一个需要被推翻的象征物,由于它是对拿破仑一世的纪念,随着拿破仑三世的被俘,漫画家用它来嘲笑拿破仑三世的失败。打倒纪念柱恰好发生在这样的历史背景之下,原本就超越了对库尔贝个人的漫画化表现。当时刊登在《杜谢讷老爹之子画报》上的一幅无名画家的作品[1]《公民库尔贝》(图30)就是以"公民库尔贝正在将巴黎所有的柱子推倒在地"为主题,图中库尔贝正试着推翻一个充当公共小便池的莫里斯圆柱,里面匆忙逃出个腋下夹着雨伞、头戴大礼帽的人。画中的库尔贝腰上系着象征他当选为公社议员的红色腰带,衬衣袖子挽了起来,胡子乱蓬蓬地飘散在前面,他的强壮有力与惊慌失措的资产者形成了鲜明对比。如果说这幅宣传巴黎公社的漫画是在向打倒纪念柱的库尔贝致敬,那么凡尔赛时期大量有关库尔贝的漫画则强调了他从画家变成了打倒纪念柱的人,完全忽视了他在战争期间为保护文物和艺术品作出的贡献。例如莱昂斯·舍雷尔(Léonce Schérer)创作的系列漫画《公社的记忆》之一[2]中(图31)的库尔贝就被表现为旺多姆纪念柱的毁坏者。这幅作品的新颖之处在于它借用报纸的图版表现了纪念柱被一截一截拆卸后倒下的过程。库尔贝则以砸石工的形象出现,他手持大榔头,前景中是一堆铺路石,从1830年起,铺路石就成了革命街垒的代名词,铺路石的旁边放着一支画笔和一个调色板,表明了库尔贝的画家身份。说明文字中写道:"这个想要打倒纪念柱的人应该先当个砸石工。"这幅漫画明显地影射了库尔贝

---

[1] 该作品现保存在圣德尼的艺术和历史博物馆。
[2] 这个系列的漫画共29幅,1871年出版,现存于巴黎的法国国家图书馆,关于作者生平没有任何资料。

▲图 30

《公民库尔贝》
漫画，佚名作者
1871 年发表在《杜谢讷老爷之子画报》上

第四章 社会生活中的库尔贝

▲图 31
《公社的记忆》
系列漫画之一,莱昂斯·舍雷尔,1871

在 1849 年引起巨大轰动的一幅作品《砸石工》，漫画家山姆早在当时就创作了大量有关这幅画的漫画。从创作意图来看，这幅漫画追溯了库尔贝在早年作品中就已经流露出来的社会主义倾向，并将之和他在公社期间打倒纪念柱的行为联系在一起。

漫画家贝塔尔的作品《公民库尔贝》[1]（图 32）中，库尔贝作为破坏者的形象相较其作为画家的形象更加鲜明一些。图画的左边是大腹便便的库尔贝，腰上围着公社议员的红色腰带，骄傲地用右手撑着倾倒过来的纪念柱，左手叉腰，嘴里叼着的烟斗正在冒着烟圈。他身后的地上有一些与他的画家身份和个性特点相关的标志性物件：一幅看不清楚画面的画作，一个大啤酒杯，还有一把砸石工的十字镐，也是旺多姆纪念柱摧毁者的工具。他对面站着的两个人分别是法国历史上两位杰出的君主：亨利四世和路易十四，两人头顶上的烟圈里是一排雕像，两位国王似乎正在恳求库尔贝。根据漫画下方的说明词："巴黎的铜像发出了谦恭的请求，希望不要被熔化掉。"也就是说两位国王的铜像乞求库尔贝不要让他们遭遇纪念柱的命运。这幅漫画中，库尔贝已经从艺术的创造者和保护者化身为艺术、纪念物的破坏者，充分显示了他与巴黎公社、纪念柱事件的密切联系。

巴黎公社之后，当库尔贝接受军事委员会的审判之时，各类对他的抨击文章和漫画层出不穷，将库尔贝渲染成为了成名和制造轰动效应而不惜破坏艺术的"伪画家"，旺多姆纪念柱成为了库尔贝在世时最大的污点。

1872 年，当局明显表达出全力打压库尔贝的意愿，一方面他送去参展的画作被沙龙评委拒绝，此外他不断受到法律追究，在巴黎的工作室被查封扣押。

---

[1] 这幅漫画现在保存在法国国家艺术史学院图书馆中。

第四章 社会生活中的库尔贝

▲图32
《公民库尔贝》
漫画,贝塔尔
1871年4月30日发表在《铃铛》报上

▲图 33

《住在带家具出租的房屋里的宫女》
1872,漫画,佛斯丹

第四章 社会生活中的库尔贝

这个时期的漫画并没有停止对库尔贝的讽刺,把他被沙龙拒绝的情景搬上了画面。借1872年沙龙展的时机,佛斯丹(Faustin)用漫画再现了库尔贝被拒绝的两幅作品,《住在带家具出租的房屋里的宫女》[1](图33)讽刺了《慕尼黑贵妇》中流露的情色意味,更重要的是,漫画还刻意在右下方放上了库尔贝的签名,以及他著名的"圣佩拉吉"字样。漫画家还在说明词中注明了"根据原作创作",以此来嘲笑库尔贝作为囚犯的身份。

还有一些漫画家更为刻薄,阿尔弗勒德·勒佩蒂(Alfred Le Petit)在1872年4月28日的《铃铛》报上发表了一幅题为《他进不去!》的漫画[2](图34),图中库尔贝胳膊下夹着一幅画,正在按响沙龙展的门铃,而门的另一边,是博纳(Bonnat)、布勒东(Breton)、卢梭、梅索尼埃等几位当年沙龙展的评委,正合力将大门堵住,不让库尔贝进入。这幅漫画除了嘲笑库尔贝没有被当年的沙龙展接受之外,更是恶意地把他表现成一个"伪画家"的形象,因为他头戴一顶可笑的大帽子,衬衣袖子挽起来,打扮得就像个工人,而他拿着的那幅画空无一物,只是个画框。而其他画家送去的作品已经鲜明地悬挂在房间内的墙壁上。

正如瓦莱士在库尔贝去世时所说,"纪念柱失去了它的人质"[3]。的确,库尔贝人生最后的7年中,他一直都是纪念柱的人质,漫画一直都没有放过他,甚至大有效仿司法机构来在公众舆论中对库尔贝进行裁判的势头。从1871年夏天丑化库尔贝的漫画开始出现,此后这一现象一直持续了好几年,甚至拥

---

[1] 这幅画和另一幅讽刺《树下的红苹果》的漫画都发表在《插图专栏》上,现在保存在巴黎的雅克·杜塞艺术和考古图书馆。
[2] 这幅作品现存于巴黎市的卡纳瓦雷博物馆。
[3] 这是瓦莱士在1878年1月6日说的,被收录在瓦莱士的《作品集,1871—1885》卷II中,该书由巴黎的迦利玛出版社于1990年出版。

▲ 图 34

《他进不去!》
漫画,阿尔弗勒德·勒佩蒂
发表在 1872 年 4 月 28 日的《铃铛》报上

有了一些固定的模式，例如库尔贝把倒过来的旺多姆纪念柱当作手杖撑着，但同时，有些漫画中也不时流露出对库尔贝的画家才华的赞赏，或是对他被卷入纪念柱事件的同情。这说明漫画界和公众舆论已经充分意识到了，在艺术与政治之间，库尔贝只不过是一个为艺术和艺术家服务的介入画家。他所遭受的非议更多地源自他的艺术本身，而纪念柱事件只是攻击他的对手们选择的一个有力突破口。

第五章 库尔贝身后

第一节 为库尔贝正名

在库尔贝去世后几个月,漫画家安德雷·吉尔立刻绘制了一幅向画家表达善意纪念的漫画,4 年后的 1882 年,他再次创作了一幅。在这两幅图中,吉尔直截了当地对 1871 年辱骂过库尔贝的小仲马进行了回击,对库尔贝进行了捍卫,令人吃惊的是吉尔本人对巴黎公社的态度并不明朗,甚至十分谨慎,并非公社的支持者。在创作漫画的同时,他还撰写了自己的回忆录,其中有一整章是关于库尔贝的,向库尔贝表达深切的纪念和敬意。值得注意的是,这些作品发表的年代恰好也是共和国开始大赦公社成员的时期,1879 年一部分人获得赦免,到 1880 年 7 月,在甘必大的倡议下,政府宣布了对公社成员的全面赦免。

吉尔的漫画《在奥德翁剧院前》(图 35)刊登在 1878 年 3 月 24 日的《棕月亮》上,剧院墙上贴着小仲马的戏剧《约瑟夫·巴尔萨莫》的海报,前景中是库尔贝挎着一篮水果在欢快地叫卖,右手的大拇指还指向海报。公众和评论界对小仲马的这出戏评价都很低,认为它太过沉闷。图下的说明词写道:"已故的库尔贝(带着他以前的乡土口音):'进来吧,拿些苹果吧;这些不卖,

▲ 图 35

《在奥德翁剧院前》
漫画,安德雷·吉尔
1878 年 3 月 24 日刊登在《棕月亮》上

白送的！……'"漫画家似乎在利用这幅画报复小仲马，因为库尔贝篮子里的那些水果，马上就让人们想到了他在 1871 至 1873 年间画的水果静物，同时也是观众在对蹩脚的戏剧表示不满时投掷的那些腐烂的水果和西红柿。

吉尔于 1882 年 2 月 26 日发表在《铃铛》上的漫画《小仲马所作的两幅库尔贝肖像》（图 36）中，说明词为"据说小仲马先生不想被批评！……"当时一位名叫居斯塔夫·雅盖（Gustave Jacquet）的水彩画家绘制了一幅小仲马的肖像，把他表现成一个穿着绿色皮里长袍的犹太商人。小仲马对此很愤怒，提出起诉，要求毁掉这幅被认为是侮辱性的肖像。吉尔的漫画中恰恰利用了这件事，画上的小仲马正在向人们展示两幅库尔贝的肖像，一幅标题是《库尔贝——南瓜》，另一幅是《库尔贝——猪》，而且标题下方还有"小仲马 1871 年署"几个字。这两个标题正是小仲马在 1871 年形容库尔贝的恶毒比喻。通过这样的借用，吉尔成功地捍卫了库尔贝的名誉，小仲马一直蔑视库尔贝参加巴黎公社的政治活动，虽然库尔贝曾提倡破坏竖立着拿破仑偶像的旺多姆纪念柱，而这一次，轮到小仲马成了偶像破坏者、艺术诋毁者。吉尔为库尔贝受到小仲马的侮辱而不平，在他看来，库尔贝是个单纯而正直的人，小仲马应该为自己的行为后悔。

可惜即使是在库尔贝去世之后，他的名声也没有在法国官方立即得到恢复，他始终被认为是一个错误，不仅仅是个政治上的错误，更多的是他在格调上的错误。曾尖刻批评过他的马克西姆·杜岗给库尔贝写的悼词便是如此，"他完全不是个坏人，只是个单纯的傻瓜。由于虚荣，他的思想被狡猾的念头取代。"[1]

---

[1] Michel Ragon, Gustave Courbet, Paris, Fayard, 2004, p. 447.

第五章 库尔贝身后

▲图 36

《小仲马所作的两幅库尔贝肖像》
漫画,安德雷·吉尔
1882 年 2 月 26 日发表在《铃铛》上

19世纪70年代末80年代初,库尔贝的声誉才逐渐在法国恢复,公众开始忘却纪念柱事件,重新认识到他的艺术成就和价值。1880年春天,对巴黎公社社员的大赦终于投票通过。但是在改变国家与画家之间关系中起到重要作用的,是1879年当选为第三共和国总统的于勒·格雷维(Jules Grévy),他也是弗朗什-孔代地方的人,上任后便致力于恢复库尔贝的声誉,下令税务机关停止对库尔贝家的追究。因此,库尔贝的妹妹朱丽叶特得以收回了库尔贝画室中和一些画商那里查封的部分作品。

真正公开为库尔贝正名起到关键作用的,是他的忠实友人卡斯塔那利在1882年以国家的名义在巴黎美术高等专科学校组织的第一次库尔贝回顾展。卡斯塔那利在1879年当上了法国的国务顾问和美术顾问,成功的政治生涯更有利于为库尔贝重塑形象。1882年,他多方奔走组织,成功地在巴黎高等美术学校举办了第一次库尔贝画作回顾展,而且他亲自为展览图录写作序言。这次展览一共展出了100多幅库尔贝的作品,当时的总统亲自出席展览开幕式。卡斯塔那利还积极筹备同年6月举办的库尔贝作品出售,其中有大量重要画作,总数为50件,拍卖总价为81280法郎。1883年,他出版了著作《居斯塔夫·库尔贝与旺多姆纪念柱》,在书中积极为库尔贝进行辩护,极力撇清库尔贝在这一事件中的责任。1887年,卡斯塔那利成为了法国的美术总负责人,他开始着手撰写第一部库尔贝生平传记,可惜他在1888年猝然离世,留下了这部未完成的作品。

朱丽叶特后来也把全部生命投入到维护库尔贝的作品和纪念当中。她一直殷切地希望能把库尔贝的画作送进法国最好的博物馆,同时也能避免这些作品的分散或毁损。1881年,经过艰苦谈判,国家同意在12月9日的公开出售中购买库尔贝的多幅油画与习作,其中有著名的《雄鹿的斗争》《被围困的雄鹿》和《受伤的人》等,作为交换,朱丽叶特把《奥尔南的葬礼》捐献给卢浮宫博物馆。而《画家的画室》此后三次被转卖,直到1920年才由卢浮宫博物馆重新购回。然而朱丽叶特对库尔贝的这种崇敬也带了一些问题。因为她希望给后世留下库尔贝最美好的形象,所以她选择了毁掉那些她认为可能会有损于画家形象的档案。

20世纪里,人们对库尔贝的认可分为好几个阶段逐渐进行,主要是通过举办纪念性的展览、出版各类有关著述和组织研讨会。艺术家、广告界和电影导演也纷纷明确或隐讳地以库尔贝的作品作为参考。但令人难以置信的是,在很长一段时间里,库尔贝的作品受到法国人轻视,在德鲁沃和外国的一些拍卖行里以十分低廉的价格出售,而德国、英国和美国博物馆界却在热切地四处寻找收集这些作品。1902年的时候,库尔贝晚期最重要的作品之一《鲁河的三条鳟鱼》以区区720法郎的价格被拍卖,1905年,他的一幅《瞌睡的女子》的拍卖价只有70法郎! 而当时的一些普通画家的作品都能卖到2万法郎,这些人后来在美术史上都没有留下什么痕迹。所以库尔贝的画作的价值得到公正的承认以及恢复他在世时的辉煌都还需要一段很长的时间。在1952年5月的一次拍卖会上,库尔贝的《躺着的妇女》(又名《休息》)卖出了前所未有的高价:570万法郎。[1]这标志着他又重新引起了人们的浓厚兴趣。

1906年,在里亚去世一年后,他撰写的库尔贝传记终于问世,这本传记参考了朱丽叶特的建议和回忆,是第一本库尔贝传记。为了纪念这本书的出版,

---

[1] 以上所有库尔贝作品的出售情况及价格均参考了 Robert Fernier, La vie et l'oeuvre de Gustave Courbet, catalogue raisonné, Tome II, Lausanne-Paris, Bibliothèque des Arts, 1977, pp. 338-339.

当年的秋季沙龙临时决定组织一次库尔贝回顾展。

1919年,库尔贝的遗体被运回奥尔南公墓,连同原来在瑞士的那块由公社成员斯隆(Slom)设计的墓碑石一起。同一年,美国的大都会艺术博物馆为了纪念库尔贝的百年诞辰,展出了他的50幅作品。

但是在法国一直要等到1929年,为了纪念库尔贝逝世50周年,巴黎的小王宫博物馆才举办了一次向奥尔南大师献礼的展览,从此之后,库尔贝回归了一流画家的地位,而且在欧美等国掀起了一系列库尔贝回忆展的浪潮,其中影响较大的有1935-1936年苏黎世的展览,哥本哈根1949年展览,1952年在法国贝桑松美术馆举办的库尔贝个人展,1953年在伦敦举办的库尔贝大型画展等,1954年库尔贝在威尼斯的第二十七届双年展展览,1959-1960年在美国费城和波士顿举办的库尔贝展等。1938年,在库尔贝的传记作者莱热和画家罗贝尔·费尔尼埃的努力下,库尔贝友协成立,他们提议奥尔南市政府购买下库尔贝出生的那栋房屋改建成库尔贝博物馆,但是遭到拒绝,一直等到1971年这个计划才得以实现,而且当时任法国文化事务部部长的杜阿梅尔(Duhamel)亲自前来为这个库尔贝博物馆揭幕。

第五章　库尔贝身后

第二节　后来者向库尔贝致敬

一个艺术家的宝贵遗产只有通过他对后来几代艺术家的影响才能真正为人们感知。库尔贝在政治上显得很笨拙，其作品有时会被评价为庸俗，这些其实源自他与民众文化的联系以及他讲究实际的精神。所以他这个榜样不仅鼓励了后人继续发展描绘法国外省生活和工人阶层的图像创作，而且对普通大众和一些社会主体的再现也是他的现实主义的主要内容。同时，库尔贝始终努力保持自己作为艺术家和人的独立性，他希望成为艺术上自由和个性的典范。从这个角度来看，他也激励了马奈和印象派画家进一步摆脱对沙龙展的依赖，给他们组织自己的展览带来启发。也许正是库尔贝的这些尝试加速了官方控制艺术阶段的终结。

1870年到1900年之间的这一代画家都曾以自己的方式向库尔贝致敬，这群人中不仅有印象派，还有其他的法国和外国画家。1873年维也纳的画家们在组织自己的展览时展出了12幅库尔贝的杰作。1897年，来自弗朗什－孔代地区的艺术家们在巴黎的杜朗－吕埃尔画廊举办了库尔贝回顾展。

左拉在1881年5月23日的《费加罗报》上把库尔贝称为"我们这个时代最坚韧最有逻辑的大师"[1]。对于左拉来说，新绘画只有两个典范，即库尔贝和马奈。

---

[1]　Michel Ragon, Gustave Courbet, Paris, Fayard, 2004, p. 454.

1882年在德鲁沃公馆,德加曾久久注视着待售的库尔贝画作。在《印象派画史》一书中,研究印象派的权威学者约翰·雷华德(John Rewald)强调了库尔贝与德加之间的承继关系,他写道:"继库尔贝之后,他(德加)是第一个想要打破艺术家画室与日常生活之间的隔断的人。而且他还试着再现同时代人所特有的姿态与职业行为。"[1]

　　如果说马奈常常被视为现代绘画之父的话,那么库尔贝则可以被视为他的先驱。1878年,库尔贝去世一年之后,马奈根据1868年拍摄的一张照片绘制了一幅《库尔贝的肖像》素描。而马奈1863年的作品《草地上的午餐》最初定的标题为《洗浴》,图中女子裸露的身躯与洗浴有着直接的联系,背景中的女子则正准备进入湖水中洗浴。库尔贝凭借1853年的《洗浴的妇女们》和1856—1857年的《塞纳河畔的女士们》,成为最早将洗浴和户外娱乐这些题材大胆引入到大幅绘画中的画家。而且马奈的画作也常常引发广泛的轰动,只不过不像库尔贝一样具有政治尖锐性。马奈在1873年绘制油画《喝啤酒的人》(图37)时,并没有以库尔贝作为模特,然而这幅画却可以看成是马奈向库尔贝的致敬,而且画面上采用了漫画中表现库尔贝常用的那些元素:库尔贝对啤酒这种来自德国和比利时的酒类饮料的热爱,作为库尔贝标志物的烟斗,脖子上系的领巾,络腮胡子,浑圆的肚子和脸部。只不过马奈笔下的这个人物不像漫画家笔下那么滑稽可笑,而是多了些和蔼可亲,肥胖的身材更显示出即刻而直接的存在感,烟斗中飘出的烟雾也给画面带来一丝梦幻感。

　　莫奈与马奈不同的地方,在于他重视户外的创作,他的笔法有时也是受

---

[1] Michel Ragon, Gustave Courbet, Paris, Fayard, 2004, p. 454.

第五章 库尔贝身后

▲图 37

《喝啤酒的人》
1873，布面油画，马奈，83×94 cm
费城，费城艺术博物馆

到了库尔贝的启发。他和马奈一样，继承了库尔贝挑战已有的艺术的精神，只不过这种挑战仅限于美学领域。雷诺阿笔下的裸体女性也受到了库尔贝的持续影响。

而毕沙罗在1874年创作了一幅《塞尚的肖像》（图38），画面右上方是曾经发表在报纸《隐没》上的库尔贝的漫画形象。事实上，塞尚的确在自己画室的墙上挂了一些复制的画作，从格列柯到库尔贝的都有。所以毕沙罗这幅画可谓是一种双重的致敬。塞尚在与朋友加斯盖的对话中，曾流露出对库尔贝的无限欣赏，加斯盖曾说库尔贝是"人民的大画家"，塞尚接着说道："也是大自然的伟大画家。他的重大贡献，就是自然、潮湿树叶的气味和森林里长满苔藓的岩壁，以抒情的方式进入19世纪的绘画中，还有细雨的低吟、树木的影子和阳光在树下投下的足迹。大海，还有雪景，他笔下的雪景和所有人都不一样！"[1]在塞尚的某些静物画、人物画中能找到库尔贝的影响，但更多的也许是在他的风景画中。塞尚笔下的普罗旺斯如同库尔贝画中的弗朗什－孔代，是个相对闭塞的空间，完全看不到同时代人热衷于表现的城市化和工业化场景。他和库尔贝一样沉迷于大自然中的矿物质和土地展现出来的力量。作为风景画家，塞尚把绘画变成了一种现象学的经验，他笔下的风景都与自己的故乡有着密切的关联，而且往往成系列的组织起来。1904年12月出版的一期《美术新闻》对当年的秋季沙龙展进行了总结，塞尚在这次沙龙中展出了30幅作品。评论家克洛德·罗热－马克斯（Claude Roger-Max）第一个提出了这样的说法，他强调塞尚是"在印象派所有的创始人之中，始终

---

[1] Pierre Georgel, Courbet-Le poème de la nautre, Paris, Gallimard/RMN, 1995, p. 156.

第五章 库尔贝身后

▲图 38

《塞尚的肖像》
约 1874，毕沙罗，布面油画，73×59.5 cm
不详，私人收藏

最忠实于库尔贝的一个。"[1]此后的岁月里,塞尚仍不时回想起库尔贝倡导的物质性的构造效果,他坦诚地吐露了自己的心愿,"我希望像库尔贝一样,把油彩厚厚地涂在画布上。"[2]

库尔贝的影响力远远超出了印象派画家这一代。1888年,两位初出茅庐的画家来到阿尔勒作画,这两人就是高更和梵高,12月,他们前往蒙彼利埃观摩布吕亚收藏中的库尔贝画作,感到极为震撼。

对于整个20世纪来说,库尔贝也深刻地影响了所有的画家。法国立体派代表理论家、画家梅津杰(Metzinger)也把库尔贝的现实主义作为自己的艺术一个对比参照物。在他1912年的著作《关于立体主义》中,他表示:"想要评价立体主义的重要性,就要追溯到居斯塔夫·库尔贝。这位大师……开启了一种现实主义的追求,所有的现代艺术的努力都具有这一特性。……库尔贝是一个初次对着大海冥想的人,他被浪花的游戏吸引,却不曾考虑过大海深处的问题。"[3]

现代艺术如同钟摆的运动一样,不断在法国引发"回归库尔贝"的运动,20世纪20年代、30年代和50年代及以后的新现实主义浪潮都以此作为标榜。1929年,法国的艺术史研究者克洛德·罗热-马克斯批评了库尔贝自以为思想很有深度,但同时又很欣赏他所具有的原生态力量,认为在这当中能找到对抗先锋派的"抽象"艺术的解毒剂。在1929年的《为库尔贝的健康干杯》

---

[1] Gustave Courbet, Exhibition catalogue published for The Metropolitain Museum of Art by Hatje Cantz, 2008, p. 69.
[2] Gustave Courbet, Exhibition catalogue published for The Metropolitain Museum of Art by Hatje Cantz, 2008, p. 69.
[3] Pierre Georgel, Courbet—Le po è me de la nautre, Paris, Gallimard/RMN, 1995, p. 158.

一文中，罗热－马克斯写道："库尔贝从当时的生活中借鉴了服装和人物，但他没有告诉我们关于人类的任何信息；……他带着强烈的兴趣观察生活，但是缺乏爱：我们可以欣赏他，但是不会被打动。……让我们和库尔贝一起到乡下去休养吧。……今天的艺术不需要成为现实主义的艺术，但是需要逃离抽象，活出简单，活出真实，要接触土地。……"[1]

在毕加索（Picasso）的艺术中，有很多地方都能看到库尔贝的印记。毕加索的创作分不同的时期构建起来，与库尔贝的历程十分相似，而且也是从学习和掌握前人的技巧起步，直到发展起个人的特有风格来。1950年，毕加索以自己的方式"临摹"了库尔贝的《塞纳河畔的女士们》（图39）。

法国当代著名诗人兼作家路易·阿拉贡（Louis Aragon）于1952年在巴黎出版了专著《库尔贝的榜样》，从社会现实主义的角度分析了库尔贝在艺术史上的作用，"库尔贝现象在绘画中的出现正逢那个世纪的巨人——工人团体——的觉醒时期，尽管库尔贝可能从前辈艺术家那里吸取了这样那样的养分，但他与前人决裂的地方在于他的物质主义态度，这一点并非来自于前人，而是源自这个正在崛起的巨人，工人尚未表述或正在开始被表述出来的思想与哲学一下子就在这位画家那里得到了最早的出色反映，同时也进入了历史与艺术中，从此之后占有了一席之地。"[2]

在那些纯粹的"现代派"中，还有不少库尔贝的热情崇拜者，例如野兽派画家马蒂斯曾购买过库尔贝的画作。二战后抽象艺术的代表人物尼古拉·德斯塔埃尔在他1954年的一封信中，讲述了他在参观完里昂举办的一次库尔贝

---

[1] Pierre Georgel, Courbet-Le poème de la nautre, Paris, Gallimard/RMN, 1995, pp. 158-159.
[2] Ibid., pp. 159-160.

法国画家 **库尔贝** 晚年的生活与创作

▲ 图 39

《塞纳河畔的女士们,仿库尔贝》
毕加索,1950,布面油画,100×201 cm
巴塞尔,艺术博物馆

展览之后的感受,"这是个没有边际的人,我们还需要好几个世纪来重新认识他。我之所以说'没有边际',是因为他没有美学观,也不夸张矫饰,不断直截了当地创作出一些独一无二的画作来,他对自己的确信就像一条朝着浑厚的大海奔腾而去的河流,发出巨大的声响,始终都那么朴实。塞尚只是他身边的一个孩子。"[1]

1955年,抵抗抽象主义艺术的新现实主义浪潮涌现,其中著名的法国具象画家贝尔纳·布菲(Bernard Buffet)参照库尔贝的作品绘制了一幅《睡眠》(图40),以自己的方式向库尔贝表达敬意。

尼古拉·福克斯·韦伯(Nicholas Fox Weber)在2000年出版的《巴尔蒂斯,一部传记》中写道,巴尔蒂斯(Balthus)曾经声称,"我以库尔贝的方式来做超现实主义",而且"库尔贝代表了巴尔蒂斯所欣赏和钟爱的一系列绘画品质"[2]。巴尔蒂斯的古典主义表现出了同样的传统和情色意味。此外,在皮埃尔·施奈德(Pierre Schneider)撰写的《卢浮宫的对话》(1967年出版)中,夏加尔(Chagall)、米罗(Miro)、布拉姆·范·维尔德(Bram Van Velde)和里奥皮勒(Riopelle)等人纷纷表示出对库尔贝的着迷,巴尼特·纽曼(Barnette Newman)则强调了库尔贝是他最喜爱的画家。

法国抽象派画家苏拉热(Soulages)也经常去蒙彼利埃的法布尔博物馆参观,他很早就喜欢上了库尔贝,而且这种热情从未减退。后来他还购买了一幅库尔贝画的女性肖像。他说:"我最喜欢的画作之一就是库尔贝的《奥尔南的葬礼》。不可思议的画!色彩、所有这些的庄严……雄伟的水平线构图……

---

[1] Pierre Georgel, Courbet-Le po è me de la nautre, Paris, Gallimard/RMN, 1995, pp. 161-162.
[2] Michel Ragon, Gustave Courbet, Paris, Fayard, 2004, p. 454.

法国画家 库尔贝 晚年的生活与创作

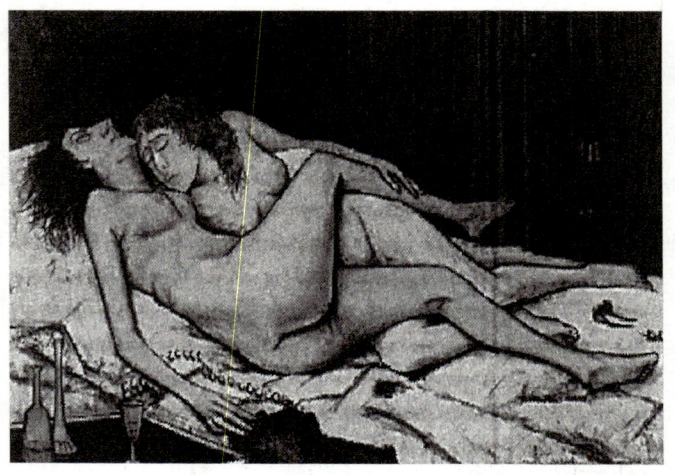

▲ 图 40

《睡眠》
年代及收藏情况不详，贝尔纳·布菲

第五章 库尔贝身后

左边的所有这些明亮色彩和右边一大团黑色部分。陈旧的、灰暗的色彩……坚硬得就像一块石子……"[1]

除了画家和造型艺术家之外，今天我们看到的库尔贝最直接、最有创造力的后继者是某些摄影师。库尔贝从事艺术创作的时期，也正是摄影开始形成一门单独的艺术的时期。库尔贝对此很感兴趣，也曾在自己的绘画中采用过一些照片作为蓝本，例如西庸城堡，甚至在他的朋友中还有些摄影师。20世纪上半叶，在所谓"纪录摄影"中，就已经确立了在库尔贝现实主义中出现过的一些原则，尤其是系列的概念，以及给照片命名或加以说明的做法，相当于对作品的评论。另外在摄影界还有一种手段也是直接受到了库尔贝的启发，当时库尔贝为了绘制《砸石工》，把在路上遇到的一些养路工人请到自己的画室来重新演绎砸石头的场景。而摄影师也仿照库尔贝，将一些不能实时拍摄下来的事件，在事后进行重构，这种方法被摄影师杰夫·沃尔（Jeff Wall）称为"接近纪录片式"的摄影[2]。

我们在今天的摄影或电影艺术中都能找到库尔贝绘画的痕迹，这并不令人惊奇，尽管这些艺术以及绘画都有着明显的技术区别。库尔贝从19世纪50年代开始推动的艺术变革在当时针对的是绘画领域，但他给艺术史带来的贡献并不仅仅限于他的现实主义。他在对现实的如实确切再现基础之上建立起自己的观点，通过与理想主义的对抗来实现自己的突破。所以这种变革的效应要远远超出了绘画艺术这个范围，波及到与图像有关的其他领域。可以说

---

[1] Michel Ragon, Gustave Courbet, Paris, Fayard, 2004, pp. 455-456. 引自作者1990年出版的另一部著作，题为 Les Ateliers de Soulages。

[2] Michèle Haddad, Gustave Courbet Peinture et histoire, Sainte-Croix, Presses du Belvédère, 2007, pp.206-207.

这是一场整体性的革命，它深刻地改变了艺术家的目光，将艺术家的定位这个问题重新在历史中提了出来。库尔贝的革命赋予艺术家一种新的声音，使他们能表达自己的观点，自由地走上个人独特的审美道路，不断地起到启发者或是扰乱者的作用。

结 论

　　库尔贝所推崇的巴黎公社时代的巴黎城已经在革命运动之后面目全非了。当奥尔南的大师在瑞士奄奄一息之时，他心目中的艺术之都正在发生翻天覆地的变化：这里是印象派兴起的沃土，这里是夏尔·卡尼尔打造出巴黎歌剧院的地方，也是罗丹带着《青铜时代》从意大利回来引发轰动的城市。

　　但是库尔贝已经回不去巴黎，他被淹没在一代又一代新生艺术家的喧嚣中，被人们遗忘。从巴黎公社到他去世之间的这7年，库尔贝从荣耀的顶峰重重地摔下来，生活如同从天堂坠入地狱。一代大师落得背井离乡、凄然离世的结局，这与他生活的动荡时代之间有着必然的联系，更多地也是由于库尔贝锋芒毕露的个性、热情的政治抱负决定了他后来的命运。

　　尽管近几十年来艺术史界不断从各个角度来探索对库尔贝的再发现，但库尔贝晚年情况始终是被忽视的，甚至常常被误读为画家毫无建树的7年。笔者试图通过本文来梳理库尔贝在此期间的生活经历与艺术创作，以他笔下的精彩作品为线索，研究作为他当时绘画的历史背景的法国社会与政治面貌，以及他个人的情感、政治态度、理想与斗争，要理解库尔贝和政治之间的关系，就要综合考虑他本人的雄心抱负、采取的战略，在社会生活中变幻不定甚至充满矛盾的各种利益关系，并且结合法国国家的历史、库尔贝的艺术生涯和作品，以及他人和舆论对他的作品的看法等诸多方面。从而了解在这样的社会动荡和历史变革中，与画家之前的艺术生涯相比，他身上发生了哪些重大变化，又有哪些是他不曾改变过的。研究中可以看到，库尔贝在这7年的个人遭遇与历史的滚滚洪流息息相关，尤其是法国社会在经历了普法战争和巴黎公社运动之后的跌宕起伏，给他打上了深刻烙印。巴黎公社运动可谓是画家一生的重大转折点，此后他被法国政治当局不断压制，政府试图抹去他在法国艺术界的痕迹，将他逐出法国，但他并没有就此屈服或是被迫放下画笔。他在晚年期间的作品中，除去那些商业性重复的大量制作，除去与追随者合作的生产，仍然有很多佳作，堪称是他在逆境中斗争的旗帜。他对绘画的执著和对现实主义艺术的追求，并不因为挫折痛苦而止步，反而增添了更多人性的色彩。

　　为了更好地在绘画界占有一席之地，库尔贝顺应了当时新兴的艺术市场，采取了积极推销自己的策略。画家在其一生艺术生涯中辛勤编织起一个人际交往的网络，除了他的同乡旧友，其中还有官方人士，有富商赞助人，有收藏家和画商，有仰慕者和追随者，有巴黎公社的同仁，还有与他分享共同的艺术或政治观念的文化界友人和画家同行们。这些人帮助早年的他在市场和艺术界获得双重的认可与名望。即使是在他的晚年，这个网络中出现了一些缺口和断裂，但在库尔贝的悉心重塑下，仍然发挥了巨大的作用。在这方面，库尔贝可谓极富现代意识。

　　当人们仔细探究库尔贝在人生最后几年里的生活和作品时，就会感受到他一如既往的独立精神、他坚持不懈的艺术突破。这是一位没有尽头的艺术家，他的面目太多，很难一言以概之：即使到了生命的最后阶段，他仍然保持着钟情于大自然和家乡田园风光的赤子之心,与家人之间从未断绝过联系。即使流亡瑞士,他的身边也始终环绕着很多艺术家和作家,时刻准备着革新当时的艺术。他有着坚定不移的政治理想和艺术追求,变幻的是时代风云、是新旧艺术风尚的交替,不变的是这位画家对创作问题的现代意识,以及他对艺术、对他生活的时代的政治的全身心投入,这些都不因个人际遇而动摇。这7年的时间,库尔贝并没有从绘画界消失,只不过他从一个风华正茂、叱咤风云的画家走向衰老、困窘,忍受屈辱与病痛,他的得与失都体现在画作中,留给人们的是他极为饱满的形象,这些形象叠加在一起,构成了人们心目中理想的艺术家典范。

如同梅尔·夏皮罗(Meyer Schapiro)所说,库尔贝凭借自己强有力的现代性,代表了艺术上的一次大转变,也是从艺术家走向现代的一次转变。作为19世纪下半期的代表性法国画家,他"只相信自己的感性,直接从大自然和感觉来进行创作,与其说这是一种精神或想象,不如说这是一只眼睛"[1]。而且库尔贝是一只尖锐的、毫不妥协的眼睛,有时甚至过于极端而具有颠覆性。但他同时又是个极为慷慨的人:对他身边的亲朋好友如此,对待自己的艺术和自己所生活的时代亦是如此,天真地付出。库尔贝个性鲜明,坚持自己的艺术和政治观念,这是他后来遭遇苦难和打击的一大根源,但这丝毫掩盖不了他身上那种令人感动也令人钦佩的自由精神。在这位艺术家面前,没有上帝,没有老师。

幸而库尔贝的时代并没有在1870年终止,相反,他在另一个国度艰难地

---

[1] Meyer Schapiro, Modern art, 19th & 20th centuries, New York, George Braziller, 1979, p. 64.

继续自己的艺术追求,而他对其他画家的影响也一直持续下去,超越了19世纪,甚至超越了法国和欧洲。他开启了艺术世界中的一种新的文化视角：在他看来,公众的认可比政府和其他官方精英的褒奖更具有价值；比起官方荣誉来,金钱也成为衡量艺术成功更合理的一个标准；争议并不一定有损于艺术家的声望,反而能成为另一种宣传形式。这些观念在库尔贝人生最后7年中也都得到了很好的实践和体现,他以自己的榜样鼓励后来的艺术家们做自己的老师,勇敢面对新事物、外界批评甚至种种冲突。从这些方面来看,库尔贝的确为现代艺术开辟了道路。

参考文献

1. 专著类（按作者姓氏的英文字母顺序排列）：

Aragon (Louis), L'Exemple de Courbet, Paris, Cercle d'art, 1952.

Bonniot (Roger), Gustave Courbet en Saintonge : scènes de la vie artistique en province sous le Second Empire, Cozes, Saintonge Littéraire, 1986.

Chu (P. T-D), Correspondance de Courbet, Paris, Flammarion, 1996.

——, The most arrogant man in France, Princeton, Princeton University Press, 2007.

Clark (T. J.), une image du peuple / Gustave Courbet et la révolution de 1848, Villeurbannem Art édition, 1991.

Courbet Gustave, Ecrits, propos, lettres et temoignages, Paris, Hermann, 2010.

Courthion (Pierre), Tout l'oeuvre peint de Courbet, Paris, Flammarion, 1987.

Faunce (Sarah), Gustave Courbet, New York, H.N. Abrams, 1993.

Fernier (Robert), La vie et l'oeuvre de Gustave Courbet, catalogue raisonné, Tome I et II, Lausanne-Paris, Bibliothèque des Arts, 1977 – 1978.

Focillon (Henri), La peinture au XIXe siècle, Paris, Flammarion, 1991.

Foucart (Bruno), Courbet, Paris, Flammarion, 1995.

Fried (Michale), Courbet's realism, Chicago and London, The University of Chicago Press, 1990.

Georgel (Pierre), Courbet-Le poème de la nautre, Paris, Gallimard / RMN, 1995.

Gros-Kost (Emile), Gustave Courbet : Souvenirs intimes, Neuchâtel, Reprints Ides et Calendes, 1994.

Guégan (Stéphane) et Haddad (Michèle), L'ABCdaire de Courbet, Paris, Flammarion, 1996.

Haddad (Michèle), Gustave Courbet Peinture et histoire, Sainte-Croix, Presses du Belvédère, 2007.

Herding (Klaus), Courbet / To Venture Independence, New Haven and London, Yale University Press, 1991.

Laurent (Stéphane), Le rayonnement de Gustave Courbet : un fondateur du réalisme en Europe et en Amérique, Paris, Harmattan, 2007.

Le Men (Ségolène), Courbet, Paris, Citadelles & Mazenod, 2007.

Proudhon (Pierre-Josephe), Du principe de l'art et de sa destination sociale, Dijon, les presses du Réel, 2002.

Ragon (Michel), Gustave Courbet / peintre, Paris, Fayard, 2004.

Riat (Georges), Gustave Courbet, peintre, Paris, Floury, 1906.

Rubin (James), Réalisme et vision sociale chez Courbet et Proudhon, Paris, Editions du Regard, 1999.

—, Courbet, London, Phaidon, 1997.

Schapiro (Meyer), Modern art, 19th & 20th centuries, New York, George Braziller, 1979.

——, Impressionism : reflections and perceptions, New York, George Braziller, 1997.

——, Worldview in Painting: Art and Society, New York, George Braziller, 1999.

Schlesser (Thomas), Le Journal de Courbet, Paris, Hazan, 2007.

Sterling (Chareles), La Nature morte de l'Antiquité au xxe siècle, Paris, Macula, 1985.

2. 展览图录和相关研讨会论文集（按年代顺序排列）：

1977-1978, Paris, Grand Palais, Gustave Courbet (1819-1877), (Hélène Toussaint).

1986, Paris, Musée d'Orsay, From Courbet ro Cézanne : a new 19th century, Editions de la Réunion des Musées Nationaux.

1988, New York, The Brooklyn Museum, Courbet Reconsidered, (Sarah Faunce and Linda Nochlin).

2000, Paris, Musée d'Orsay, Courbet et la Commune, (Laurence des Cars).

2007, Paris, Courbet à neuf, Actes du colloque international, Editions de la Maison des sciences de l'homme.

2006, Los Angeles, J. Paul Getty Museum, Courbet and the modern landscape, (Mary Morton and Charlotte Eyerman ; with an essay by Dominique de Font-Réaulx).

2007, Saintes, Musée e de l'Echevinage, Autour de Courbet en Saintonge, (Gaby Scaon et Jean-Roger Soubiran)

2008, Metropolitan Museum of New York of Art, Gustave Courbet, Hatje Cantz.

3. 文章（按作者姓氏的英文字母顺序排列）：

Chu (P. T-D), Courbet's last drawing? in Master Drawings, Vol. 12, No. 4 (Winter 1974), pp. 390-392+449.

Bell (Clive), L'Atelier de Courbet, in The Burlington Magazine for Connoisseurs, Vol. 36, No. 202 (Jan., 1920), pp. 2-3.

Boas (George), Courbet and the Naturalistic Movement, in Parnassus, Vol. 10, No. 4 (Apr., 1938), pp. 10-11.

Bowness (Alan), The New Courbet Literature, in The Burlington Magazine, Vol. 119, No. 889, Special Issue in Honour of Benedict Nicolson (Apr., 1977), pp. 290-291.

Burroughs (Bryson), The Gustave Courbet Centenary Exhibition, in The Metropolitan Museum of Art Bulletin, Vol. 14, No. 3 (Mar., 1919), pp. 63-64.

Crapo (Paul B.), The Problematics of Artistic Patronage under the Second Empire: Gustave Courbet's Involved Relations with the Regime of Napoleon III, in Zeitschrift für Kunstgeschichte, 58 Bd., H. 2 (1995), pp. 240-261.

Hauptman (William), La Tour-de-Peilz. Gustave Courbet and Switzerland, in The Burlington Magazine, Vol. 124, No. 954, Special Issue Devoted To Twentieth-Century Art (Sep., 1982), pp. 577+585.

Herding (Klaus), Courbet Reconsidered. Brooklyn and Minneapolis, in The

Burlington Magazine, Vol. 115, No. 841, (Apr., 1973), pp. 244-246.

Hoffmann (Edith), Courbet Self-Portraits in Paris, in The Burlington Magazine, Vol. 131, No. 1032, (Mar., 1989), pp. 264+266-267.

Holmes Charles, Thoughts on a Painting by Courbet, in The Burlington Magazine for Connoisseurs, Vol. 66, No. 384 (Mar., 1935), pp. 102-104.

Lurie (Ann Tzeutschler), Gustave Courbet: Grand Panorama of the Alps with the Dents du Midi, in The Bulletin of the Cleveland Museum of Art, Vol. 53, No. 3 (Mar., 1966), pp. 74-80.

McWilliam (Neil), Un enterrement à Paris : Courbet's Political Contacts in 1845, in The Burlington Magazine, Vol. 125, No. 960, (Mar., 1983), pp. 155-157.

Moffitt (John F.), Art and Politics: An Underlying Pictorial — Political Topos in Courbet's "Real Allegory", in Artibus et Historiae, Vol. 8, No. 15 (1987), pp. 183-193.

Schapiro (Meyer), Courbet and Popular Imagery: An Essay on Realism and Naïveté, in Journal of the Warburg and Courtauld Institutes, Vol. 4, No. 3/4 (Apr., 1941 - Jul., 1942), pp. 164-191.

Seibert (Margaret Armbrust), A Political and a Pictorial Tradition Used in Gustave Courbet's Real Allegory, in The Art Bulletin, Vol. 65, No. 2 (Jun., 1983), pp. 311-316.

Les Amis de Courbet, in The Burlington Magazine, Vol. 98, No. 638, (May, 1956), p. 139.

4. 中文著作（含译作）：

弗朗卡泰尔：《法国绘画史》，啸声译，上海人民美术出版社，1987年版。

郭华榕：《法兰西第二帝国史》，北京大学出版社，1991年版。

琳达·诺克林：《现代生活的英雄：论现实主义》，桂林，广西师范大学出版社，2005年版。

琼斯：《剑桥插图法国史》，杨保筠、刘雪红译，世界知识出版社，2004年版。

杨雪帆等[编]：《柯罗米勒库尔贝画风》，重庆出版社，1992年版。

5. 期刊：

Dada, Courbet, n° 131 Qct. 2007.

6. 学位论文：

邵亮：《库尔贝写实主义：溯源及其对中国的影响》，中央美术学院博士论文，2003年。

盛葳：《历史的错位：J-F·米勒及其在中国的评论研究》，中央美术学院博士论文，2008年。

7. 画廊及博物馆官方网站：

http://www.durand-ruel.fr/french/historique.html

http://www.musee-orsay.fr

http://www.louvre.fr

http://museefabre.montpellier-agglo.com

http://www.petitpalais.paris.fr

8. 图片：

本书图片部分引用自下列图书，因无法联系图片版权人，若存在侵权问题，请与作者取得联系。

《库尔贝》，塞格莱娜·勒曼，巴黎，西塔特&玛泽诺出版社，2007。

《库尔贝日记》，托玛·斯勒塞，巴黎，阿桑出版社，2007。

《居斯塔夫·库尔贝》，哈杰坎茨出版社，2008展览图录。

附录一：库尔贝 1870–1877 年年表

年代	库尔贝年表	法国大事对照
1870 年	6 月：库尔贝被提名为荣誉勋位勋章获得者。6 月 23 日，库尔贝在《世纪》报上刊登公开信拒绝接受这项荣誉 9 月 6 日：库尔贝当选为艺术家委员会主席，负责保护巴黎的艺术品 9 月 24 日：库尔贝被提名为档案委员会成员，但他 12 月 1 日就卸下了这一职务 10 月 29 日：库尔贝在阿特内剧院朗读了《致德国军队和德国艺术家》的信	7 月 17 日：拿破仑三世向普鲁士宣战，8 月 2 日起两军开始对峙，普法战争正式爆发，法军失去了阿尔萨斯和洛林 9 月：拿破仑三世向普军投降 9 月 4 日：宣布成立国防政府 12 月：普军轰炸巴黎
1871 年	1 月：库尔贝搬离了原来位于奥特菲耶街上的住所，来到索蒙巷居住 4 月 2 日：库尔贝当选为巴黎公社巴黎第六区的区议员 5 月 16 日：旺多姆广场的纪念柱被摧毁，此事后来一直被归咎为库尔贝的责任 5 月 28 日：流血周拉开序幕，库尔贝躲到了朋友家中 6 月 3 日：库尔贝的母亲去世 6 月 7 日：库尔贝遭到揭发被捕，6 月 11 日被转移到巴黎裁判所的附属监狱，7 月 4 日又被送往玛扎斯监狱 7 月 21 日：库尔贝被送往凡尔赛的桔园监狱准备接受审判 9 月 2 日：他被判处 6 个月的监禁，以及 500 法郎的罚款，并支付所有诉讼费用（6850 法郎） 9 月 22 日：库尔贝被送往圣佩拉吉监狱 12 月 30 日：库尔贝获准假释，前往讷伊的杜瓦尔医生诊所接受治疗	2 月：甘必大辞去其在国防政府的职务，新当选的国民议会中保守派占了多数，引发巴黎民众的担忧 3 月：梯也尔担任政府新首脑，试图收回巴黎。巴黎人以反抗作为回应，于 3 月 18 日拉开巴黎公社运动序幕 这一年没有举办沙龙展

附录一：库尔贝1870–1877年年表

年代	库尔贝年表	法国大事对照
1872年	3月2日：库尔贝刑满，但仍然在杜瓦尔医生诊所住到了4月 5月1日：他回到自己巴黎的画室进行清理，开始寻找失窃的画作 5月20日：他离开巴黎出发前往奥尔南，26日抵达 7月：他前往梅西耶，住在朋友奥尔蒂奈尔的家中。这个夏天，他绘制了大量作品，还接待了一些年轻画家的来访 9月：他受朋友邀请前往蓬塔里埃和莫尔托小住 11月—12月：他给收藏家爱德华·巴斯德画了几幅画	10月：艺术批评家泰奥菲尔·戈蒂埃去世
1873年	5月30日：国民议会投票通过重建旺多姆纪念柱的议案，但是明确规定了工程要等到民法法庭决定了库尔贝承担的费用之后再开始。在等候裁决时，当时的财政部长马埃尔·玛涅下令没收库尔贝在法国境内的财产 7月23日：库尔贝出发逃亡瑞士。在几个城市逗留后，10月他在拉图尔德佩兹住了下来。很快买下了一个名叫"良港"的寓所。后来帕塔也来此与他会合	5月4日：麦克·马洪取代梯也尔成为共和国的新一任总统
1874年	6月：塞纳民事法庭裁定库尔贝作为摧毁旺多姆纪念柱的共犯的罪名，下令他承担起重建纪念柱的费用 9月：罗什富尔来到拉图尔德佩兹看望库尔贝，库尔贝给他画了一幅肖像画	4月：首届印象派画展在巴黎举办 6月：惠斯勒在伦敦举办第一次个人画展
1875年	1月：库尔贝创作了雕塑《赫尔维西亚》 5月：库尔贝的妹妹泽利去世 8月6日：法庭确认了1874年6月26日对库尔贝的宣判	1月：画家米勒去世 2月：画家柯罗去世 3月：印象派画家的作品在德鲁沃公馆公开出售，但反响并不好
1876年	年初：库尔贝来到弗里堡 7月—8月：库尔贝在日内瓦	1月30日—3月5日：法国举行大选。共和派获得了议会的多数席位 12月13日：于勒·西蒙组建了一个新内阁
1877年	5月4日：塞纳民事法庭宣布对库尔贝处以323091.68法郎的罚款 秋天：库尔贝的健康状况迅速恶化，他接受了拉肖德丰医生的治疗 11月26日：政府在德鲁沃公馆举办了库尔贝位于巴黎奥特菲耶街的画室内扣押的画作、家具和艺术品的第一次拍卖会 12月31日：库尔贝去世	5月16日：内阁出现危机，于勒·西蒙政府下台

附录二：中外文人名对照表

（按姓氏的英文字母顺序排列）

本书中的法文人名对于涉及比较有名的人物时往往直接以中文常见译名称呼，或者是只翻译其姓氏，而其他人物则会连名字一起翻译出来。

Bachelin 巴什兰

Balthus 巴尔蒂斯

Balzac 巴尔扎克

Baudelaire 波德莱尔

Frédéric Bazille 弗雷德里克·巴齐尔

Etienne Baudry 埃蒂安·博德里

Baudry 波德里（画家）

Charles Beauquier 夏尔·博吉埃

Bertall 贝塔尔

Charles Blondon 夏尔·布隆东

Louis-Napoléon Bonaparte 路易-拿破仑·波拿巴

Bonnat 博纳

François Bonivard 弗朗索瓦·博尼瓦尔

Eugène Boudin 欧仁·布丹

附录二：中外文人名对照表

Adolphe Braun 阿道夫·布劳恩

Breton 布勒东

Broglie 布罗格利

Alfred Bruyas 阿尔弗雷德·布吕亚

Max Bouchon 马克斯·布雄

Bernard Buffet 贝尔纳·布菲

Cabanel 卡巴奈尔

Caravagio 卡拉瓦乔

Castagnary 卡斯塔那利

Cavaignac 卡芬雅克

Chagall 夏加尔

Cham 山姆

Champfleury 尚弗勒里

Gustave Chaudey 居斯塔夫·肖代

Chavannes 沙畹

Choiseul 施瓦泽尔

Petra Ten-Doesschate Chu 佩特拉·T-D·楚

Cézanne 塞尚

T. J. Clark T. J. 克拉克

Cluseret 克吕斯雷

Jean Cornu 让·科尔努

Corot 柯罗

· 167 ·

Juliette Courbet 朱丽叶特·库尔贝

Regis Courbet 雷吉·库尔贝

Zélie Courbet 泽利·库尔贝

Zoé Courbet 佐埃·库尔贝

Couture 古图尔

Daubigny 多比尼

Daumier 杜米埃

Degas 德加

Delacroix 德拉克洛瓦

Delécluze 德雷克吕兹

Maxime Du Camp 马克西姆·杜岗

Alexandre Dumas (fils) 小仲马

Durand-Ruel 杜朗－吕埃尔

Duval（Docteur） 杜瓦尔医生

Pierre Dorian 皮埃尔·多里昂

Louis Dubois 路易·杜布瓦

Duhamel 杜阿梅尔

Fantin-Latour 方丹－拉图尔

Faustin 佛斯丹

André Fermigier 安德雷·费尔米吉埃

Robert Fernier 罗贝尔·费尔尼埃

Flaubert 福楼拜

附录二：中外文人名对照表

Robert Fleury　罗贝尔·弗勒里

Michael Fried　迈克·弗莱德

Eugène Fromentin　欧仁·弗洛芒丹

Gambetta　甘必大

Armand Gautier　阿尔芒·戈蒂埃

Théophile Gautier　泰奥菲尔·戈蒂埃

André Gill　安德雷·吉尔

Jules Grévy　于勒·格雷维

Guillaumin　吉约曼

Prosper Haussard　普罗斯佩尔·奥萨尔

Klaus Herding　克劳斯·赫丁

Hugo　雨果

Ingres　安格尔

Gustave Jacquet　居斯塔夫·雅盖

Bourgmestre Jan Six　布格梅斯特·扬·希斯

Lydie Jolicler　莉迪·若利克莱尔

Lecomte　勒孔特

Charles Léger　夏尔·莱热

Alphonse Legrand　阿尔丰斯·勒格朗

Alfred Le Petit　阿尔弗勒德·勒佩蒂

Jack Lindsay　杰克·林赛

Paul Mantz　保罗·芒茨

Marquet　马尔盖

Matisse　马蒂斯

Messonier　梅索尼埃

Metzinger　梅津杰

Constantin Meunier　康斯坦丁·莫尼埃

Millet　米勒

Miro　米罗

Monet　莫奈

Morny (comte de)　莫尔尼伯爵

Nadar　纳达尔

Barnette Newman　巴尼特·纽曼

Nieuwerkerke　纽维柯克

Nix　尼克斯

Linda Nochlin　琳达·诺克林

Ordinaire　奥尔蒂奈尔

Oudot　伍多

Louis Philippe　路易·菲利普

Pata　帕塔

Paul Pia　保罗·皮阿

Pissaro　毕沙罗

Proudhon　蒲鲁东

Elisée e Reclus　埃利瑟·勒克吕

Rembrandt 伦勃朗

Renoir 雷诺阿

John Rewald 约翰·雷华德

Georges Riat 乔治·里亚

Maurice Richard 莫里斯·里查尔

Riopelle 里奥皮勒

Rochefort 罗什富尔

Claude Roger-Max 克洛德·罗热-马克斯

Romieu 罗米鄂

Rouault 鲁沃

Rousseau 卢梭

Jean-Jacques Rousseau 让-雅克·卢梭

James Rubin 詹姆斯·鲁宾

François Sabatier 弗朗索瓦·萨巴提埃

Francisque Sarcey 弗朗西斯克·萨尔塞

Meyer Schapiro 梅尔·夏皮罗

Léonce Schérer 莱昂斯·舍雷尔

Pierre Schneider 皮埃尔·施奈德

Théophile Silvestre 泰奥菲尔·西尔维斯特

Jules Simon 于勒·西蒙

Slom 斯隆

Soulages 苏拉热

Stani 斯塔尼

Stendal 司汤达

Charles Sterling 夏尔·斯特凌

L. A. Stick L. A. 斯提克

Titien 提香

Charles Toubin 夏尔·图宾

Turner 特纳

Vallès 瓦莱士

Bram Van Velde 布拉姆·范·维尔德

Jeff Wall 杰夫·沃尔

Velasquez 委拉斯盖兹

Véronèse 委罗尼斯

Watteau 华托

Nicholas Fox Weber 尼古拉·福克斯·韦伯

Whistler 惠斯勒

Zola 左拉

Jörg Zutter 约格·祖特

附录三：中外文地名对照表

（按英文字母顺序排列）

Conciergerie　巴黎裁判所的附属监狱

Etretat　艾特塔

Flagey　弗拉热

Franche-Comté　弗朗什-孔代地区

La Tour de Peilz　拉图尔德佩兹

Maisières　梅西耶

Mazas　玛扎斯监狱

Meudon　莫东

Montpellier　蒙彼利埃

Neuilly　讷伊

Ornans　奥尔南

Pontarlier　蓬塔利埃

Rochemont　罗什蒙

Saintes　森特

Sainte-Pélagie　圣佩拉吉监狱

Saintonge　圣董日

Vevey　威未